口ぐせを変えれば自信と力が湧いてくる！

自分を好きになる
７つの言葉

中島輝

きずな出版

はじめに

自分に「いいね」を押せない、あなたへ

こんにちは。この本を手に取ってくれたあなたに、心から感謝します。

人生は山あり谷あり。いろいろな出来事でいっぱいです。

楽しいこともあれば、困難に直面することもあります。

時には自分を疑い、自分のことが嫌いになってしまうこともあるでしょう。自分の価値を疑ったり、自分自身を愛せなくなったり、ということがあるのが人生、と言ってもいいほどです。

私も例外ではありませんでした。借金、家族問題、自己価値を見つけるための苦闘《くとう》など、さまざまな困難に直面しました。

しかし、それらの経験が私に教えてくれたのは、困難を乗り越えるたびに、自分をもっと深く理解し、愛することができるようになるということでした。


この本では、自己肯定感《こうていかん》を高めるための言葉や方法を紹介していきます。

自己肯定感を高めることは、一晩でできるわけではありません。

日々の小さな努力が積み重なった先に実現できるものです。

私たちが自分自身を愛することができれば、まわりの人への影響力も大きくなり、さらには自分の運命さえも、よい方向に導くことができます。

自分自身との関係を見つめ直し、自分をもっと愛することの価値を再発見すること。

それが本書の目的です。

自分を愛する力は、人生のどんな時代の変化にも耐《た》えることができる大切な力です。

人生は変化に富んでいますが、自分自身への愛は、その変化に対応できる強さを与えてくれます。

自分を愛することができれば、周囲にもポジティブな影響を与え、自分の運命さえもよい方向に導《みちび》くことができます。

ところで、

「自分を愛する」

とはどういうことでしょうか？

それは、自分自身の価値を認め、自分のことを大切に扱うことです。

私たちはよく、自分自身に対して厳しくなりがちです。

自分の欠点ばかりに目がいき、自分のよいところを見失ってしまいます。

しかし、誰にも無限の価値と可能性があり、その一つひとつを認めていくことが、

「自分自身」を愛する第一歩です。

【自分を愛するための具体的な方法】

①自分に優しくする

自分自身に対して、友達に接するように優しく接しましょう。失敗しても、自分を責めずに「大丈夫、次があるよ」と励ますことが大切です。

②自分自身と対話する

一日の終わりに、自分自身と対話する時間を持ちましょう。その日に自分ができたこと、自分をほめられることを見つけて、感謝の気持ちを持つことが重要です。

③自分の好きなことをする

自分の好きなことをする時間をつくり、自分自身を喜ばせましょう。趣味の時間を大切にすることで、自分自身への愛を育てます。

④「7つの言葉」を使う

自己肯定感を高める「7つの言葉」を日常的に使うことで、あなたの心にポジティブなエネルギーを呼び込みます。

この本が、あなたが自分自身との関係を見つめ直し、自分をもっと愛する旅の始まりとなることを願っています。

自分を愛することで、周囲の人々への愛も深まります。

自分自身を大切にすることで、他人を大切にする心も育ちます。

そうなれば、自分に自信が持てるようになります。

自分が嫌いな人生から、自分を好きになる人生に変わっていきます。

さあ、あなたが、あなたであることが嬉《うれ》しくなるように。

「7つの言葉」で、輝く明日を手に入れましょう。

目次

第2章

自分を解放する「泣いてもいいよ!」

第3章

自分を優先する「いい人はやめよう!」

第4章

自分をあきらめない「次はうまくいく！」

第5章 自分を受けいれる「全部、許します！」

第6章

自分に感謝する「ありがとう！」

第7章

すべてにOKを出す「それでも自分が好き！」

おわりに

自分を好きになる
7つの言葉

口ぐせを変えれば自信と力が湧いてくる!

第 1 章

自分を認める
「がんばったね！」

自分に自信が持てないとき

人は、失敗や挫折を経験すると、自信がなくなります。しかし、失敗は成長のための貴重なステップです。自分に自信が持てないときこそ、自分自身を励《はげ》ます「魔法の言葉」が必要になります。

さあ、1つめの言葉は、「がんばったね！」です。

「がんばったね！」は、一見すると単純な言葉ですが、自分を励ますときに非常に強力な効果を発揮します。

この言葉は、自分自身に向けても、他人から言われても、心に深く響きます。

何か一つのことを成《な》し遂《と》げたとき、たとえそれが小さなことであったとしても、自分自身に「がんばったね!」と言うことで、自分の努力を認め、小さな成功を祝うことができます。

自分の努力や成果を認めることは、とても重要です。毎日の小さな成果に注目し、「がんばったね!」と、自分自身をほめる習慣をつけましょう。

たとえば、「難しい課題に取り組んだ」「新しいことに挑戦した」「困難な状況を乗り越えた」ときなど、自分の努力を認めてください。

それまでには、投げ出したいと思ったこともあったかもしれません。そんな途中、プロセスを経《へ》て今がある。がんばった自分をほめてあげてください。

「がんばったね!」は、自分を認めるための強力なツールになります。それを使うことで、自己肯定感を高めていくことができるでしょう。

たとえば、

○日記に毎日の小さな成功を記録する

○自分の好きなことをする時間をつくる
○ポジティブな言葉を使う
などを意識して行ってください。

自己肯定感は一日にして成らず、日々の積み重ねが大切です。

「がんばったね！」と自分自身をほめる。

そんな機会をどんどん、つくっていきましょう。

自分自身の努力と成果を認め、小さな成功を祝うことで、自信を取り戻し、さらなる挑戦への動力に変えていきましょう。

誰にでも「失敗」はある

失敗は、誰にでもあるものです。
失敗したことがない人などいないでしょう。
それは、強さや成長の源です。
この項では、失敗をポジティブに捉《とら》え、自分を励ます方法をお話ししていきます。

「失敗」というのは、人生の先生みたいなものです。
失敗から逃げないで、何を学べるかを見つけて、自分を「がんばったね」とほめることが大事なんです。

失敗日記で自信をつけよう

毎日のちょっとした失敗を書く「失敗日記」をつくってみましょう。何がうまくいかなかったか、そこから何を学んだかを書いて、新しいことにチャレンジした自分をほめてあげましょう。

【失敗日記をつけるときのポイント】

①「失敗」を「OK！」と思う
②悲しい気持ちや悔しい気持ちを書く
③どうしてうまくいかなかったのか考える
④学んだことを忘れない
⑤新しい計画を立てる
⑥もう一度やってみる

これをすることで、失敗はこれからの成功へのスタートに変わります。

友達や家族からの応援も大切です。

まわりからの「がんばったね！」も、すごく力になります。

友達や家族の応援をもらう勇気をもって、手を差し伸べてくれる人の助けを借りましょう。

失敗すると「もうお終《しま》いだ」と思いがちですが、「失敗」は「終わり」じゃなくて、「新しいスタート」の合図です。

自分ががんばっていることを忘れないで、「がんばったね！」と自分をほめながら、次への一歩を踏み出していきましょう。

自分自身が一番の応援団になり、失敗をひっくり返して成功につなげる魔法の言葉「がんばったね！」を使っていきましょう。

そもそも「失敗」って、どういうこと？

「失敗」という言葉を聞くと、多くの人はガッカリするかもしれません。

でも、私たちが子どもの頃、歩き方を学び始めたとき、もし転ぶたびに歩くのをあきらめていたら、いまでも歩けなかったかもしれません。

失敗とは、そうした「転ぶこと」に似ています。

つまり、失敗は学びの一環《いっかん》であり、成功への道のりの途中での「一時的な結果」に過ぎないのです。

人は失敗を恐れますが、前でもお話しした通り、本当に、それは最高の先生なのです。

失敗は、私たちに自分の弱点を示し、改善の必要がある箇所を教えてくれます。

たとえば、スポーツ選手が試合で失敗したとき、彼らはその動画を見直して、何が間違っていたのか、どうすれば、よりよいパフォーマンスができるのかを学びます。

私たちも同じように、失敗から学び、次に活《い》かすことができます。

失敗したときには、まず深呼吸をして、感情を落ち着かせましょう。

そのあとで、客観的に状況を見直し、次のような質問を自分自身に投げかけてみてください。

- □ 何がうまくいかなかったのか？
- □ もっとよくできる方法はなかったのか？
- □ この経験から何を学べるのか？

これらの質問に答えることで、失敗の中に、「未来の成功」につなげる手がかりを見つけることができます。

［失敗から立ち直る具体的なステップ］

失敗を経験したときは、自分自身を励まし、次のステップで立ち直ることができます。

①失敗を認める

自分に正直になって、失敗を認めましょう。

②反省する

何がうまくいかなかったのかを冷静に振り返ります。

③感謝する

試みたこと自体に感謝し、経験を積めたことに感謝します。

④改善点を見つける

次に同じ失敗をしないためには何が必要かを考えます。

⑤再挑戦する

学んだことを活かして、再び挑戦します。

右の5つのステップによって、「失敗」は、自信と経験を積むための「スプリングボード」に変わります。

「スプリングボード」とは、体操の飛び箱や跳馬などで踏み切りに使う板のことです。「踏み切り板」ともいいますが、「飛躍のきっかけとなるもの」という意味でも使われます。つまり「失敗」が、あなたを成長させてくれるというわけです。

ときには、周囲のサポートが必要です。失敗に対して励ましの言葉をかけてくれる友人や家族の存在は、自己肯定感を取り戻すのに役立ちます。

支え合いながら、「がんばったね」と言ってもらうことで、自分を励ます力を育てることができます。

「失敗」というものを、ポジティブな出来事として受け入れ、それを乗り越えてさらに成長する力を身につけましょう。

結果だけがすべてか？

何か失敗したとき、結果だけがすべてだと思いがちですが、実はそうではありません。人生は結果だけよりも、経験から学ぶことが大切です。

たとえば、スポーツの試合に負けたとしても、その経験を次に活かすことができれば、それは大きな価値があると言えます。

たとえば、料理をつくってみたときに、うまくいかなくても、そのときに何がダメだったのかを考えることができれば、次はもっとうまくつくれるようになりますよね。

失敗したときに、「ああ、ダメだった」と終わらせるのではなく、

「次はこうしよう」

「こういうところを直せばいいんだ」

と学ぶことが、本当に大事なんです。

結果がすべてではなくて、その経験から得ることがたくさんあるからです。

実際に、失敗したことがある人のほうが、あとで成功しやすいことが多いものです。

失敗するというのは、それだけ新しいことに挑戦したり、難しいことに取り組んだりしている証拠です。そうやって失敗から学ぶことができる人は、少しずつでも上手になったり、知識が増えたりします。

だから、一回の結果で落ち込むことなく、続けて努力していくことが大切です。

その努力の中で、ちょっとずつでも成長していくことが、本当の成功につながっていきます。結果は、その時点での出来事を示しているにすぎません。一度の失敗が、すべてを決定づけるわけではないのです。

一度や二度の結果にとらわれずに、継続して努力をすることが大切です。

結果よりもプロセスを大切にし、失敗から学ぶ姿勢を持つことで、最終的な成功に近づくことができるのです。

自分を責めすぎてはいけない

何かがうまくいかなかったとき、それを「自分のせいだ」と思いがちですが、実際にはすべて自分のせいだと思うことはありません。

たとえば、チームでのプロジェクトが計画通りに進まなかったという場合には、それはあなた一人の責任ではなく、さまざまな事情や他の人の行動も関係しています。

また、外部の状況や運も影響します。天候によってイベントが中止になったり、突然の市場の変動でビジネスが困難になったりすることもあります。

自分を責める前に、客観的に状況を見てみましょう。

何がコントロール可能だったのか、どの部分がそうでなかったのかを区別します。

そして、自分にできる範囲で最善を尽くし、あとは流れに任せる勇気も必要です。

何かがうまくいかないときには、それが本当にあなたのせいなのか、ほかにどんな理由があるのかを考えてみてください。

自分だけを責《せ》めてしまうと、大切なことを見逃してしまうかもしれません。

自分のコントロールできることに注力し、それ以外のことはあまり心配しないようにしましょう。

失敗したときは、「自分でどうにかできる部分」だけを考えて、次はもっといい方法でトライしましょう。

何事も経験です。

経験を積んで、できることを増やしていけば、うまくいくことも増えていきますよ。

自分の努力をなかったことにしない

たとえ結果が思い通りにならなくても、その過程でがんばった自分を認めることが大切です。自分が一生懸命に取り組んだことは、たとえ期待したような成果が出なくても、あなたの成長や学びにはしっかりとつながっています。

あなたが試みたこと、時間を費やしたこと、集中したこと、これらすべてに価値があります。

自分自身の成長に注目して、努力を肯定することで、自信をもって次のステップに進むことができるのです。

努力は決して無駄になるものではなく、どんな小さな変化も、大きな変化への道のりの一部です。自分の努力を大切にすることで、新しい可能性が開けるんです。

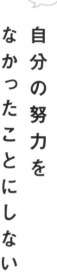

［自分の努力を認めて次に進むステップ］

①自分の努力を大切にする

人は目標に向かって努力しますが、いつも思い通りの結果が出るわけではありません。でも、重要なのはその結果だけではなく、そこに至るまでに何をしたか、どれだけの時間を費やしたかというプロセスです。あなたがどれだけ努力したか、その一歩一歩を大切にしてください。

②努力は成長の証

あなたが新しいことに挑戦し、努力を重ねること自体が成長です。うまくいかなかったとしても、それは学びの機会であり、自分をより強く、賢くするためのステップです。失敗から得られる教訓は、次に成功するための貴重なヒントになります。

③がんばった自分をほめる

自分が努力したことを認め、自分自身をほめてあげましょう。「がんばったね」と自分に言うことで、自己肯定感が高まり、モチベーションもアップします。自分を認めることは、次への一歩を踏み出すための大切な糧《かて》です。

④努力の記録をつける

日々の努力を日記やノートに記録してみましょう。何に取り組んだか、どんな困難に直面したか、どう乗り越えようとしたかを書き留めることで、自分の成長を客観的に振り返ることができます。これは、自分自身の努力をかたちとして残し、なかったことにしないためのよい方法です。

⑤失敗を受け入れ、前向きに捉える

失敗は避けられないものですが、それをどう捉えるかは、あなた次第です。失敗を経験の一部として受け入れ、そこから何を学べるかを考えましょう。失敗を恐れずに挑戦する勇気を持つことで、成功への道も開けていきます。

⑥サポートを求める

努力をしているときは、一人で抱え込まずに、友人や家族、信頼できる人からのサポートを求めてみましょう。他人からの励ましやアドバイスは、あなたの努力をさらに前進させる力になります。

自分をほめて認めることが大切

人はしばしば、自分の小さな成功を見過ごしがちですが、日々の努力や達成を認めることで、自信をもって次のステップに進むことができます。

なぜ自分をほめることが大切なのか？

①自信がつく

自分の努力や成果を認めることで、自信を持つことができます。自信があると、新しい挑戦にも積極的に取り組むことができるようになります。

②モチベーションの向上

自分自身をほめることで、モチベーションが上がります。自分の成果を認めることで、さらなる目標に向かって努力するエネルギーが湧いてきます。

③ポジティブな思考

自分を認めることで、ポジティブな思考を育《はぐく》むことができます。ポジティブな思考は、困難に直面したときにも前向きな対応を取る助けになります。

④精神的な健康

自己肯定感が高まると、ストレスや不安を感じにくくなります。自分自身を大切にすることは、精神的な健康を保つためにも重要です。

自分をほめる方法

①小さな成功を見逃さない

日々の小さな成功に目を向け、それを認めましょう。たとえば、計画したタスクを完了した、新しいことを学んだなど、日常の中での小さな達成も大切にします。

②自分へのご褒美《ほうび》

何か目標を達成したときは、自分自身にご褒美をあげましょう。好きな食べ物を食べる、好きな映画を観《み》るなど、自分をほめてあげる方法は人それぞれです。

③感謝の言葉を使う
自分自身に「ありがとう」「よくがんばったね」と声をかけてみましょう。自分の努力に感謝することで、自己肯定感を高めることができます。

④成功日記をつける
日々の成功や、その日にがんばったことを記録する日記をつけるとよいでしょう。振り返ったときに、自分の成長を実感できます。

自分をほめて認めることは、時には難しいかもしれません。しかし、この習慣を身につけることで、より充実した人生を送ることができるようになります。自分自身の最大の味方でいることを忘れずに、日々の生活の中で自分をほめて、認めることを続けましょう。

第2章

自分を解放する「泣いてもいいよ!」

「落ち込んでいる自分」には怒りと悲しみがある

この章では、落ち込んでいる自分を受け入れる大切さについて掘り下げます。

時には、心の中に怒りや悲しみが溜《た》まってしまうことがあります。

これらの感情は、無視してしまいがちですが、認めて表現することが心の健康には必要です。

さあ、2つめの言葉は、「泣いてもいいよ!」です。

人は、落ち込むと、怒りや悲しみといったネガティブな感情を感じることがよくあります。これはまったく自然なことで、人間だからこそ経験する感情です。

問題は、これらの感情をどう扱うかにあります。

怒りや悲しみを無視したり、抑圧《よくあつ》したりすると、心の健康を害することがあります。

落ち込んでいる自分を受け入れる最初のステップは、自分の感じている怒りや悲しみを認めることです。

感情は、あなたの心が何かを伝えようとしているサイン。

それらを無視せず、自分の心と向き合うことが大切です。

そして、その向き合った感情を表現することも、自分を解放する重要なステップです。

「泣くこと」は、特に有効な方法の一つです。

泣くことで心の重荷を少し軽くし、感情を外に出すことができます。

泣くことには、心を落ち着かせ、ストレスを軽減する効果があります。

また、泣くことで、人は他人との絆《きずな》を深めることができます。

誰かに心の内を話し、共感を得ることで、孤独感を軽減し、支援の輪を広げることができます。

落ち込んでいるときは、一人で抱え込まず、信頼できる友人や家族、場合によっては専門家の支援を求めましょう。

他人と感情を共有することで、心の負担が軽くなり、解決策を見つけやすくなります。

心の健康を保つためには、自己ケアが非常に重要です。

好きな活動をする、自然の中で時間を過ごす、趣味に没頭するなど、自分を大切に扱う時間を持ちましょう。

自己ケアを通じて、心のバランスを取り戻し、内面からの強さを育てていきます。

ネガティブな感情を、まずは受け入れよう

ネガティブな気持ちは、誰にでもあります。時には悲しかったり、腹が立ったり、不安になったり。これは、まったく普通のことなんです。

けれども、ネガティブな感情や考えが頭をよぎると、悪いものだとして、それを押しのけようとしてしまいがちです。そのことを、まずは受け入れましょう。

すべての感情は、あなた自身の一部です。ネガティブな感情も受け入れることで、それらと向き合い、乗り越える方法を見つけることができます。

ネガティブな意識や感情を受け入れることは、「自分自身に正直」でいることを意味します。無理にポジティブを装うのではなく、自分の本当の気持ちを認めることで、心のバランスを取り戻すことができます。

【ネガティブな気持ちの受け入れ方】

①自分の気持ちに名前をつける

「いま悲しいな」「怒ってるな」と感じたら、その気持ちに名前をつけてみましょう。自分の気持ちを言葉にするだけでも、少しラクになることがあります。

②気持ちを否定しない

「悲しんじゃダメ」とか「怒ったらいけない」と思わないでください。感じることは、誰にでもある自然なことです。自分の気持ちを受け入れましょう。

③どうして、そう感じるのか考えてみる

なぜ悲しいのか、怒っているのか、その理由を考えてみましょう。原因を知ることで、どう対処したらいいかが見えてくるかもしれません。

④気持ちを表に出す

日記に書いたり、友達に話したりして、心の中のモヤモヤを外に出しましょう。表に出すことで、心がスッキリすることもあります。

ネガティブな気持ちを感じたら、それを悪いことだと思わずに、自分自身を大切にしましょう。好きな音楽を聴いたり、おいしいものを食べたり、好きなことをして、心を落ち着かせるのもいいでしょう。

ネガティブな気持ちは、誰にでもあります。

大切なのは、その気持ちを受け入れて、自分を大切にすることです。

「ネガティブな感情を受け入れる」と決めても、心の中は晴れず、モヤモヤが消えないということがあります。

それは、自分の中のネガティブな気持ちを見ようとしていないからかもしれません。

悲しいとか、腹が立つといった気持ちは、時に見たくないものですが、それも全部、自分の大事な部分です。

モヤモヤが消えないときは、自分の心としっかり向き合って、悲しい気持ちや腹が立つ気持ちを認めてみましょう。

正直な自分と向き合う

ネガティブな自分、うまくいかない自分を否定しないでください。

そんな自分から逃げないでください。たとえ今うまくいっていなくても、あなたが「かけがえのない存在」であることに変わりはありません。

だから、逃げる必要なんてないわけです。

まるごとの自分と向き合ってください。そして、自分の本当の気持ちを、自分自身に話してください。忙しい毎日の中で、自分自身の気持ちに耳を傾《かたむ》ける時間を持つことは、とても価値があります。

【自分と向き合う方法】

①静かな時間をつくる
まず、自分だけの静かな時間をつくりましょう。外の音が少ない、落ち着ける場所で、少しの時間でもいいので、自分だけの時間を持つことが大切です。

②心の声に耳を傾ける
自分と向き合う時間には、「いま何を感じているか」「本当はどうしたいのか」など、自分の内面の声に注意を向けてみてください。

③日記を書く
自分の思いや感じたことを紙に書き出すことも、自分と向き合うよい方法です。書くことで考えが整理されたり、自分でも気づかなかった感情に気づくことがあります。

④自分に質問してみる
「いま一番大切にしたいことは何か」「自分にとって幸せとは何か」といった質問を自分自身にしてみましょう。自分の内面と対話することで、本当の自分をもっと深く理解することができます。

［自分との対話を深めるコツ］

①判断せずに受け入れる

自分の感じていることや考えていることを、いい悪いで判断せずに受け入れましょう。自分を批判することなく、ありのままの自分を認めることが大切です。

②感謝の気持ちを持つ

自分自身に感謝することも、自分との対話を深めるうえで助けになります。今日一日生きてきたこと、小さな成功や努力に感謝してみましょう。

自分と向き合って、心の中の本当の自分と対話することは、自己理解を深め、より充実した人生を送るために重要です。

自分自身と正直に向き合い、内面の声に耳を傾けることで、自分の真の願いや目標が見えてくるでしょう。

自分に正直になれないとき

自分に正直になれないとき、それはまるで心の中に霧《きり》がかかったようなものです。自分の本当の気持ちや欲求が何なのか見えにくくなっています。この霧を晴らすためには、自分自身とゆっくり向き合う時間が必要です。それは簡単なことではありませんが、とても大切なプロセスなんです。

自分との対話をするには、まずは日常の小さな選択から始めましょう。今日は何を食べたいか、どんな服を着たいか、そんな簡単なことでもいいんです。自分の直感に耳を傾けることから始めてみてください。そして、時には自分自身に小さな約束をするのもいいでしょう。

「今日は自分の感情に素直になる」

そんな約束を自分自身と交《か》わすことで、自分への信頼を少しずつ築《きず》いていくことができます。

自分の感情を理解することも大切です。

「悲しい」「怒っている」「不安」――そういった感情に名前をつけてみましょう。

それによって、

「自分が何を感じているのか」

そして、

「なぜ、そう感じるのか」

といったことを少しずつ理解していくことができます。

それには、日記をつけることもオススメです。日々の出来事や感じたことを書き留めることで、自分の内面に向き合うきっかけになるんです。

しかし、自分に正直になるのは、時に勇気がいることです。

自分の気持ちに素直になれないと感じても、それを自分を責める材料にしないでください。

「自分に正直になること」

それは、自分自身を大切にする行為なんですから。

自分に正直になることで、見えてくるものがあります。

それは自分自身の深い部分からの声が聞こえてくるということです。

その声に耳を傾けることで、自分自身が本当に望んでいること、大切にしたいことがわかってきます。

自分を大切にして、心の声に耳を傾ける勇気を持ちましょう。

自分との対話を通じて、より豊かで満ち足りた人生を歩んでいくことができるようになりますよ。

自分の本音を否定しない

自分と向き合ったときに、またしてもネガティブな感情が出てくることもあるでしょう。でも、それがあなたの本音であるなら、それを否定しないことです。

自分の本音を否定しないことは、自己受容の旅において非常に大切です。

私たちはしばしば、社会的な期待や他人の意見に影響されて、自分自身の真の気持ちを抑《おさ》えてしまうことがあります。でも、そんなときこそ自分の心の声に耳を傾けることです。

自分の感じていること、思っていることに正直であること。

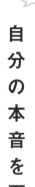

それには時に、勇気をもって取り組まなくてはなりません。

なぜなら、自分の本音が、まわりの人たちとは異なるかもしれないし、時には自分自身にとっても予想外のものかもしれないからです。

しかし、自分の本音を受け入れることで、初めて自分自身の真の願いや必要なことに向き合うことができるようになるのです。

自分の本音を否定せずに受け入れることは、自分自身を理解し、尊重することへの第一歩です。このプロセスを通じて、自分自身の感情や欲求に対して優しい気持ちになれるでしょう。それは、自己肯定感を高め、自分の決断や選択に自信を持つことにつながります。

自分の本音に耳を傾けることは、自分自身との約束でもあります。

自分の気持ちや欲求を大切にすることで、自分自身に対する信頼と愛情を深めることができる。それは、人生の選択をするうえで自分自身を信じる力を与えてくれます。

自分の本音を受け入れることで、自分が何を求めているのかを知ることができます。

それによって、自分にとって本当に意味のあることに時間やエネルギーを注ぐことができるようになっていくはずです。

涙を流すことで重い感情から解放される

泣くことには、実はたくさんのよい効果があります。

私たちが感じる悲しみやストレス、そしてそれらに伴《ともな》う涙は、ただの感情の表現以上のものを私たちにもたらしてくれるんです。

まず、涙を流すことで、重い感情から心が解放されることがあります。

悲しいときや、イライラしているときに泣くと、そのあとスッキリとした気持ちになることがありませんか？

これは、涙がストレスホルモンを体外に排出する助けをしてくれるからです。つまり、泣くことは自然なストレス解消法の一つなんですね。

また、泣くことは、私たちが自分の感情を受け入れ、それに向き合う手段ともなります。自分の感情を否定せず、涙を通して表現することで、自分自身の内面と向き合い、自己理解を深めることができます。

このプロセスは、「自己受容」と「自己肯定感」を高めるのに役立ちます。

また、涙を流すことは、他人とのつながりを深めることにもつながります。人が泣いているのを見たとき、私たちは共感や慰《なぐさ》めの気持ちを抱《いだ》きやすくなります。泣くことで感情を共有し、人との関係を深めることができるのです。

泣くことには、心を浄化する作用もあります。

涙を流すことで、抱《かか》えていた感情の重みが軽減し、心が新たなスタートを切る準備が整います。涙は、文字通り心を洗い流し、前に進むためのクリアな状態をつくり出してくれるのです。

だから、時には思いっきり泣いてみるのも、とてもよいことです。

自分の心と向き合い、涙を通して感情を解放することで、心が軽くなり、新しい気持ちで次に踏み出せるようになります。

ネガティブな自分を吐き出す

ネガティブな気持ちや考えを持つことは、繰り返しお話しししているように、誰にでもある自然なことです。

でも、その気持ちをずっと心にしまっておくと、重く感じたり、心が疲れたりすることがあります。だから、そのネガティブな気持ちを上手に外に出すことが、すごく大切なんです。

では、どのようにして外に出すのか？

友達や家族に自分の心の内を話すのは、いい方法の一つです。

誰かに自分の話を聞いてもらうだけで、心がラクになったりします。

話すことで、自分の気持ちが整理されたり、相手からのアドバイスがもらえたりすることもあります。

日記を書くのも、自分の心を整理するいい方法です。

紙に自分の気持ちを書くことで、頭の中がスッキリします。

日記なら、自分の本当の気持ちを遠慮《えんりょ》なく書けるので、心が軽くなるのを感じることができます。

絵を描《か》いたり、曲をつくったり、詩や短歌、小説を書いたり、というのも自分の気持ちを表現する素敵な方法です。

創造的な活動をすることで、ネガティブな気持ちをポジティブなものに換《か》えることができますし、新しい楽しみを見つけることもできます。

運動するのも、気分を変えるのに効果的です。

からだを動かすと、気持ちがスッキリしたり、幸せな気分になったりします。運動は、からだだけでなく、心にもいい影響を与えてくれます。運動によって分泌《ぶんぴつ》されるエンドルフィンが気分を高め、ポジティブな気持ちに導くのです。

ネガティブな感情を抱え込むことなく、適切に外に出すことは、心の健康を守るうえで、とても重要です。

自分に合った方法で感情を表現し、吐き出すことで、心が軽くなり、日々をよりポジティブに過ごすことができるようになります。

自分の心としっかり向き合い、ネガティブな感情を健康的に解放することで、心のバランスを保ち、充実した日々を送ることができるでしょう。

第 3 章

自分を優先する「いい人はやめよう！」

「いい人」になりたい人たち

「いい人」になろうとする人には、いくつか共通する点があります。

彼らは、

「人から好かれたい」

「ほめられたい」

「必要とされたい」

と強く思っています。

自分の本当の気持ちを隠《かく》して、いつも人のために何かをしています。

自分よりも他の人のことを先に考えるのです。

さあ、3つめの言葉は、「いい人はやめよう！」です。

なぜ「いい人」であろうとするかといえば、自分自身を「価値がある人間」と感じたいからです。人からの「ありがとう」や笑顔をもらうことで、自分も大切な存在だと実感するわけです。

でも、それは少し大変です。

いつも人を喜ばせようとすると、自分の時間や気持ちを犠牲《ぎせい》にしてしまいます。自分のことを後まわしにしてしまいがちです。

また、「いい人」は、人とのトラブルが怖くて、自分の本当の気持ちを言えないこともあります。

自分の意見を言ったら、

「相手を傷つけてしまうかもしれない」

「ケンカになるかもしれない」

と思ってしまいます。

そこで、自分の気持ちを抑え込むことになります。

我慢《がまん》して、人に合わせることが多くなるのです。

でも、ずっとそのままだと、自分がしんどくなってしまいます。

いつも人のためにがんばっているのに、なぜか「満足感が得られない」。

それどころか、疲れてしまったり、自分が何をしたいのかわからなくなってしまうこともあります。

「いい人」を卒業するには、まずは自分自身の気持ちに正直になることが大切です。

自分のことをもっと大切にして、自分のためにも「ＮＯ」と言える勇気を持つこと。

そして、自分が本当に価値のある人間であることを、他人からの評価じゃなくて、自分で感じることができれば、もっとラクに、幸せに生きられるようになります。

誰だって人に嫌われるのは怖い

誰だって、人に嫌われるのは怖いものです。

みんな、友達が欲しくて、まわりの人たちと仲良くしたいと思っています。

友達や家族、学校や職場の人たちに、

「この人『いい人だな』と思われたい」

と願うのは、とても自然なことです。

人間は誰しもが、自分が大切にされ、認められることを求めています。

そのために、時には自分の本当の気持ちを隠してでも、みんなに合わせようと努力します。笑顔でいたり、親切にしたりすることで、人といい関係を築こうとします。

でも、それがいつも自分にとって楽しいことかと言えば、そうとは限りません。

たとえば、自分の仕事が終わっていないのに、友達からの誘いを断れずに出かけてしまったり、本当は疲れているのに、断るのは悪いと思って、人からの頼みごとを引き受けてしまうことがあります。

そうしているうちに、自分の時間がなくなったり、疲れが溜まってしまったりすることがあるわけです。

「人に嫌われたくない」という気持ちは、とても強いものです。

でも、そのために自分を蔑《ないがし》ろにしていませんか?

いま、自分は何をしたいのか。何をしたくないのか。

それを自分に確かめることを大切にしてください。

自分を出したら嫌われるのか？
失敗したら嫌われるのか？

「いい人」になりたい人は、自分を出したら嫌われる、と思っています。

失敗したら嫌われる、あるいはダメな人間だと思われる、と思っています。

「嫌われたらどうしよう」

「ダメな人間だと思われたらどうしよう」

という不安が消えないのです。

そして、その不安は、多くの人が抱えるものです。この不安は、自分を表現することや新しいことに挑戦する勇気を抑《おさ》えつけることがあります。

でも、本当のところはどうなのでしょうか。

自分を出すことで、嫌われるというのは本当でしょうか？

自分らしさを表現することは、人との関係を深めます。

自分を隠していると、人と本当の意味でつながることは難しくなります。

本当に自分を理解してくれる人は、あなたが自分らしくいることを尊重《そんちょう》し、それを好きでいてくれます。

自分らしくいることで関係が終わるなら、それは始めからその人とは合わなかったということかもしれません。本当に大切な関係は、自分を出しても、むしろそれによってより強くなります。

失敗をしたら嫌われる、というのはどうでしょうか？

失敗は、前でもお話しした通り、成長の一部です。

人は誰でも完璧《かんぺき》ではありませんし、完璧である必要もありません。

失敗を恐れずに挑戦する姿勢は、実は多くの人にとって魅力的に映ります。

あなたのことを本当に大切に思う人たちは、失敗しても、あなたのことを支え、応援してくれると私は思います。

「いい人」をやめても誰にも気づかれないかも？

あなたがもしも、「今日から、いい人はやめよう！」と決めて、それを実行しても、実は誰にも気づかれないかもしれません。これは、ちょっと意外に感じるかもしれませんが、この気づきはとても大切です。

「いい人」というのは、常に他人のために尽くし、自分のことを二の次にしてしまう人が多いのです。けれども、自分自身を大切にすることも、同じくらい重要だということを忘れてはいけません。

「いい人」をやめたら、もしかすると、周囲が驚いたり、ガッカリしたりするのではないかと不安に思うかもしれません。しかし、実際にはそうなることは少ないのです。

なぜなら、人は基本的に自分自身のことで手一杯で、他人が少し変わったくらいでは、それほど気に留めないものだからです。

たとえば、あなたが「今日は疲れているから」と言って、友達の頼みを断ったとします。

最初は友達も少し驚くかもしれませんが、本当の友達であれば、あなたの気持ちを理解してくれるでしょう。

そして、その友達も自分の生活がありますから、あなたのことを心配している間にも、他のことに忙しくなってしまうものです。

つまり、あなたが心配しているほど、まわりの人はあなたの変化を気にかけないことが多いのです。

「いい人」をやめることで、一番大きな変化を感じるのは、実は、あなた自身です。

自分自身のために時間を使ったり、自分の気持ちを大切にするようになると、自分の幸せを感じやすくなります。

自分を大切にすることで、心に余裕が生まれ、前向きな気持ちになれます。

それによって、まわりの人との関係も改善されることがあります。

人は変わることができ、自分の生き方を少しずつでも変えていくことが可能です。

自分を大切にすることにより、大切な人との関係が深まり、自分自身をもっと好きになることができます。

ですから、「いい人」をやめることは、決して悪いことではありません。

重要なのは、自分がどのようにありたいか、どのように生きたいかを考え、その答えに向かって、自分らしい一歩を踏み出すことです。

その一歩が、自分にとっても、まわりの人にとっても、新しい幸せを見つけるきっかけになるかもしれません。

自分らしく、自分の心に正直に生きることを恐れないでください。

あなたが変わることで、少しずつですが、周囲の世界も変わっていくことでしょう。

「いい人はやめよう！」と自分に宣言しよう

「いい人はやめよう！」と自分自身に宣言することで、自分のために生きる勇気が湧《わ》いてきます。

これを実現するために、より具体的な行動計画を立ててみましょう。

【いい人をやめる行動計画】

①自分の感情を大切にする

日記をつけて、毎日の感情を記録します。嬉しかったこと、悲しかったこと、腹が立ったことなど、ありのままを書き出しましょう。

感情が高ぶったときは、なぜそう感じたのか原因を考え、自分の感情に対して優しく接する習慣をつけます。

②「NO」を言う練習

小さなことから始めて、「NO」を言う練習をします。たとえば、忙しいときに余計な仕事を頼まれたら、「いまは手が離せないので」と断ってみましょう。自分にできることを判断し、無理なお願いは断る勇気を持ちましょう。断り方も柔らかく、理由を説明すると相手も理解しやすくなります。

③自分の時間をつくる

週に一度は自分だけの時間を設《もう》け、好きなことをする日をつくります。読書をしたり、映画を観たり、散歩をしたりして、自分をリフレッシュさせましょう。

自分の趣味や興味を深める時間を持つことで、自己肯定感も高まります。

④自分の価値を自分で決める

他人の評価に左右されず、自分が大切だと思うことをリストアップします。それが自分にとっての価値基準です。自分の成功や幸せの定義を自分で決めて、それに向かって小さな目標を設定しましょう。

⑤まわりと比べない

SNSなどで他人と自分を比べることが多いなら、その時間を減らします。「比較の世界」から離れて、自分の人生に集中しましょう。「いまの自分」に焦点を当て、自分の成長を喜びましょう。

⑥助けを求める勇気

すべてを一人で抱え込まず、信頼できる人に助けを求めることも大切です。友人や家族、場合によっては専門家のサポートを受けることも検討しましょう。

自分に「いい人はやめよう！」と宣言することは、自分自身への新たな約束です。自分のために生きる勇気を持ち、自分らしく輝くための行動を起こしましょう。自分を大切にすることで、まわりの人との関係もより豊かなものになるはずです。

自分の価値は自分で決める

自分の価値を自分で決めることも、「いい人をやめる」宣言において重要なポイントです。他人の目や社会的な評価に振りまわされることなく、自分は何を価値があると感じるのか、自分の幸せとは何かを自分自身で定義します。

他人からの承認を追い求めるのではなく、自分自身の心に正直に生きることで、本当の自分を見つけ出し、自分らしい幸せをつかむことができるでしょう。自分自身を愛し、尊重することで、より豊かな人生を歩むことができます。

ここで一つ、質問です。

「あなたは、どんな自分が好きですか？」

この質問をすることは、自分自身を深く掘り下げ、内面を見つめ直す機会になります。

私が好きな自分は、何事にも好奇心を持ち、新しいことに挑戦する勇気がある自分です。未知のことに足を踏み入れるときのドキドキ感、そして、それを乗り越えたときの達成感は、自分自身をより成長させてくれると感じます。

また、他人に優しくできる自分も大切に思っています。

誰かの役に立つことができたとき、または誰かを少しでも笑顔にできたとき、その瞬間の温《あたた》かさが心に深く残ります。

自分自身と他人の間にある「つながり」を感じられる自分が好きです。

失敗を恐れず、失敗から学び、立ち直ろうとする自分も尊敬しています。

完璧を求めることなく、自分の不完全さを受け入れられるとき、人生はより豊かで柔軟なものになると感じるからです。

自分を表現することを恐れない自分も、とても大切にしています。

自分の思いや考えを素直に伝えられる自分は、他人との深い関係を築く基盤《きばん》となります。

自分らしさを大切にし、それをまわりの人たちにも受け入れてもらえるとき、真のつながりが生まれると信じています。

最後に、常に学び続ける自分を愛しています。

知識を深めたり、新しいスキルを身につけたりすることで、自分の世界が広がっていくのを感じるからです。好奇心を持ち続け、常に成長しようとする姿勢は、自分自身を刺激し、人生を豊かにする源泉です。

これらすべての側面を持つ自分が、私が最も好きな自分です。

自分の内面と向き合い、自分の価値を認め、受け入れること。それが自己肯定感を上げ、自分を好きになる秘訣《ひけつ》だと思います。

自分の心が求めている「自分自身」に気づく

「どんな自分が好きですか？」と自分自身に問いかけることは、自分を深く理解するためにとても大切なことです。

この質問をすることで、自分が何を大切にしているのか、どんなときに幸せを感じるのか、明確になります。

毎日が忙しくて自分自身に目を向ける時間はあまりないかもしれませんが、時には立ち止まって、自分の心の声に耳を傾けてみることがオススメです。

そうすることで、自分の本当に好きなことや得意なことに気づくことができます。

自分に対して、「どんな自分が好きですか？」と問うことは、自分のよいところを再発見したり、もしかすると改善したいと思う部分に気づく機会にもなります。

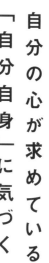

でも、それで自分を責める必要はありません。
自分のよい面も、そうでない面も含めて、それが「自分」なのですから。

この質問は、自分の人生をどう生きたいかを考えるときの指針にもなります。
自分は何に価値があると感じるかがわかれば、これからの目標や夢を明確に設定するのに役立ちます。

自分を理解し、自分を好きになることは、自分自身はもちろん、まわりの人たちとの関係にもよい影響を与えます。

ですから、忙しい中でも、たまには自分自身に「どんな自分が好きですか?」と問いかけてみてください。

自分自身についての新しい発見があるかもしれませんし、自分のことをもっと好きになるきっかけになるかもしれません。

「自分を理解する」ということは、自分自身の感情や考え、行動のパターン、好きなことや苦手なこと、価値観や夢、そして自分がどういう人間であるかを深く知ることです。

これには自分の内面に目を向け、自分自身と対話するプロセスが含まれます。

それは、自己認識の旅のようなものです。この旅を通じて、自分の本当の気持ちや、何に情熱を感じるのか、どんなときに自分らしさを感じるのかを知ることができます。

また、なぜ特定の反応を示すのか、どういうときにストレスを感じやすいのかなど、自分の行動や感情の揺《ゆ》れの理由も明らかになります。

自分を理解することで、自分の価値観や欲求に基づいて意思決定を行い、自分にとって意味のある人生を送ることができるようになります。

また、自己受容を深め、自信をもって行動する基盤を築くことができます。

自分自身を深く理解するということは、自分自身との関係を強化し、人生を豊かにする旅なのです。

「自分にとって意味のある人生」とは、個人が自分自身の価値観、情熱、目標に基づいて生き、充実感や満足感を感じることができるような生活を指します。

このような人生は、外部からの評価や一般的な成功の指標に左右されることなく、自分自身が心から大切だと感じることに時間とエネルギーを注ぐことで実現します。「自分にとって意味のある人生」とは、一言では言い表せないほど多様で個人的なものです。それは、単に社会的な成功や他人からの評価を追い求めるのではなく、自分自身の深い価値観や情熱に根ざした生き方を選ぶことを意味します。

自分が本当に大切だと思うことに時間を使い、心から満足と幸福を感じられる瞬間を大切にすることです。

このような人生を送るには、自分自身を深く理解し、自分が何を求めているのか、何に価値を見出《みいだ》すのかを知ることから始まります。

それは自分の強みを活かし、弱みを受け入れることを学ぶ過程でもあります。自分が心から情熱を感じることに注力し、それを通じて自分だけでなく、他人や社会にもよい影響を与えることができれば、人生に深い意味を見出すことができるでしょう。

また、充実した人間関係は人生を豊かにする重要な要素です。

信頼できる友人や家族とのつながりは、支えとなり、喜びを分かち合う源泉となります。

同時に、他人のために何かをすることで得られる充実感や満足感は、自分のためだけに生きることでは味わえない深いものがあります。

重要なのは、自分自身をありのままに受け入れ、他人と比較することなく、自分なりの幸せや成功を追求することです。

自分の価値観に基づいて選択をし、自分の心に正直に生きることで、自分にとって意味のある人生を送ることができるでしょう。

最終的に、「自分にとって意味のある人生」を送るというのは、自分の内面に耳を傾け、自分自身のために、また自分にとっての大切な人たちのために、自分ができることを選択していくことです。そんな日々の小さな選択の積み重ねが人生であり、自分らしい生き方を見つける旅なのです。

人の目を気にしすぎない

他人の評価や期待に振りまわされてばかりいると、自分自身の本当の望みや価値観から離れてしまいがちになります。

他人の目を過度に気にしてしまうと、自分らしさを失い、自分の人生ではなく、他人が期待する人生を生きることになってしまいます。

自分は何をしたいのか、何を大切にしたいのかに焦点を当てることで、より充実した人生を送ることができます。

自分自身の幸せや満足感を追求することが、結果として周囲の人たちにもよい影響を与えることにつながります。

自分自身にとって意味のあることに時間とエネルギーを使うことで、自己実現に近づくことができるのです。

しかし、これは他人の意見や感情をまったく無視しろという意味ではありません。人間は社会的な存在であり、他人との関わり合いの中で成長していきます。

大切なのは、他人の意見を参考にしつつも、最終的な判断は自分自身の価値観に基づいて行うことです。他人の意見を聞き入れる柔軟性と、自分の心に従う強さのバランスを取ることが重要です。

人の目を気にしすぎないこと。

自分らしく生きること。

それは、自分に自信を持ち、自己肯定感を上げます。

自分の内面に対する理解と受容が深まることで、他人の評価に左右されることなく、自分の人生を主体的に歩むことができるようになります。

自分自身を信じて、自分らしい幸せを追求する勇気を持つことが、人生を豊かにする鍵なのです。

ところで、人の目を気にするなと言われても、気になるのが人情です。人の目が気になるのは、私たちがみんなと仲良くやっていきたい、と思うからです。友達や家族、学校や会社の人たちに「いいね」と思われたい、困ったときに助けてもらいたい、そう願うのは自然なことです。

【人の目を気にする理由】

①「みんなから好かれたい」

誰かにほめられたり、笑顔で話しかけられたりすると嬉しいものです。それは、他の人から認められることで、「自分は大丈夫だ」と感じるからです。

②「他の人と比べてしまう」

「あの人はどうして、あんなに上手にできるんだろう」「みんなに人気があって羨《うらや》ましい」などと思うのは、他の人と比べて、自分がどのくらいのものかを知るためです。

③「ルールに合わせたい」

学校や会社にはルールがあります。そのルールに合わせることで、みんなとうまくやっていくことができます。みんなから浮いてしまわないように、自分も、そのルールに従おうとするわけです。

④「友達をつくりたい」

他の人のことを気にするのは、友達をつくったり、いい関係を保ったりするためです。相手が何を考えているかを知り、相手に合わせることが、友達関係をよくする秘訣です。

人の目を気にしすぎると、自分が何をしたいのか、何が好きなのかを忘れてしまうことがあります。

大事なのは、人の意見も聞きつつ、最終的には自分が何を大切に思うかを考えることです。

他の人と比べずに、自分らしくいることが一番大切です。

自分が楽しいと思えることを見つけて、自分のペースで進んでいきましょう。

自分を大切にする勇気

「いい人」をやめると決めたら、それは自分の気持ちや本当の望みにもっと正直になることを意味します。他の人のことばかりを優先して、自分の感情やニーズを後まわしにする生活から卒業しましょう。

これを実現するには、自分自身の幸せと健康を第一に考える勇気が必要です。

それは決して自分勝手なことではなく、自分を大切にするということ。

自分が満たされていないと、本当の意味で、他人にもよい影響を与えることは難しいからです。

「いい人」をやめるというのは、自分の限界を認め、それに応じて行動することです。

たとえば、無理なお願いをされたときに、「NO」と言えるようになったり、自分の時間を大切にして、好きなことや大事なことに時間を使うようになることです。

また、自分の感情を大切にし、それを適切に表現することも含まれます。

怒りや悲しみ、ガッカリした気持ちも、それを抑え込むのではなく、安全な方法で表現することが大事です。

他人の目を気にしすぎず、自分自身の価値観や情熱に基づいて生きること。それが「いい人」をやめることにつながります。

自分にとって何が本当に重要なのかを見つめ直し、自分の人生を自分らしく生きることに集中するんです。

そうすることで、自分も、まわりの人も、もっと幸せになれるはずです。自分自身を大切にすることから始めましょう。

第 4 章

自分をあきらめない「次はうまくいく！」

「次もうまくいかない」と思っていませんか？

この章では、自分自身への信頼を取り戻し、過去の失敗から学び、新たな挑戦に向けて前向きな姿勢を育むことに焦点を当てます。

多くの人が、一度や二度の失敗から「きっと次もうまくいかない」と感じることがあります。そんな否定的な思考を乗り越え、再び自信をもって前に進む方法を探ります。

さあ、4つめの言葉は、「次はうまくいく！」です。

「きっと次もうまくいかない」と思ってしまうのは、自然な反応です。

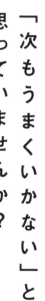

失敗は誰にとってもつらいものであり、それを経験すると自信を失いがちです。しかし、「失敗は成功へのステップ」という考え方があります。失敗から得られる教訓は、将来成功するための貴重な財産です。

まず、失敗から何を学べるかをじっくりと考え、それを新たな挑戦にどう活かすかを計画します。

次に、自己肯定感を高めるための具体的なステップを踏み、過去の成功体験を思い出してみるのも一つの方法です。成功体験を振り返ることで、「自分にはできる」という気持ちを取り戻すことができるでしょう。

また、周囲のサポートを積極的に求めることも重要です。信頼できる人と自分の思いを共有し、励ましやアドバイスをもらうことで、心強い支えとなります。

さらに、小さな目標から始めて徐々にステップアップしていくことで、達成感を積み重ね、自信を再構築します。

うまくいかないことが続いてしまうとき

「うまくいかないこと」が次々と起こるとき、それはまるでドミノ倒しのように感じられることがあります。

一つの失敗が次の失敗を呼び、なかなかポジティブな方向に進めない……そんなとき、その原因はどこにあるのでしょうか？

実は、この「うまくいかない連鎖《れんさ》」には、私たちの思考や感情のパターンが大きく関係しています。

たとえば、一度失敗すると「またダメだった」「自分はいつも失敗する」と自分を責めがちです。このネガティブな思考が、新たな行動や挑戦に対する自信を低下させ、結果として次の失敗につなげてしまうことがあります。

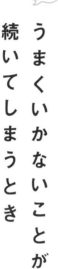

また、一度失敗を経験すると、その失敗を避けるために無意識のうちに慎重になりすぎたり、挑戦を避けたりすることもあります。

それがかえって新たなチャンスを逃す原因となり、成功の機会を自ら遠ざけてしまうこともあるんです。

このような状況を打破するには、まず自分の思考パターンに気づくことが大切です。

「また失敗するかもしれない」

という恐れではなく、

「次は何を学べるだろう」

という好奇心を持つように心がけてみましょう。

失敗から学ぶことで、次に活かすことができれば、失敗は貴重な経験となります。

「思考パターン」というのは、私たちが普段「どんなふうに物事を考えるか」のクセのことです。

人にはそれぞれ、物事を見るときの特別な「メガネ」があって、そのメガネを通して世界を見ています。このメガネは、過去の経験や育った環境、学んだことなどによって色が変わります。

たとえば、ある人は「何をやってもうまくいかない」と思うネガティブなメガネをかけているかもしれません。そういうメガネをかけていると、新しいことに挑戦するのが怖くなったり、いつも悲観的に物事を見てしまいます。

逆に、いつも「きっと大丈夫、何とかなる」と前向きに考えるポジティブなメガネをかけている人もいます。このメガネをかけていると、困難な状況でもよい面を見つけられたり、挑戦する勇気が湧いてきます。

ほかにも、「一度失敗したら、いつも失敗するんだ」と一般化して考えるメガネや、「すべてが完璧でないとダメ」と白黒思考で考えるメガネもあります。これらのメガネは、時には私たちの考え方や感じ方、行動に影響を与えてしまうんです。

大事なのは、自分がどんなメガネをかけているかを知ることです。

そして、そのメガネが自分にとってよくない影響を与えているなら、色を変えたり、新しいメガネに替えたりする勇気を持つこと。自分の考え方のクセを少し変えるだけで、世界がもっと楽しく、明るく見えてくるかもしれません。

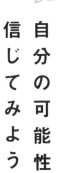

自分の可能性を信じてみよう

自分の可能性を信じるのが難しいと感じること、ありますよね。

それは、過去に何かがうまくいかなかったり、他の人がうまくやっているのを見て「自分には無理かもしれない」と思ったりするからです。

学校でテストの点数が悪かったり、友達に何かをしてもらったのに、お返しができなかったり。そんな経験があると、「またダメかもしれない」と思ってしまうんです。

それでも、自分の可能性を信じてみることは、とっても大切です。

「自分の可能性を信じる」というのは、自分で自分を応援するようなものです。

失敗しても、そこから何か学べれば、それは貴重な経験になります。

たとえば、自転車に乗れなかった子が、何度も練習して乗れるようになるように、失敗は成功への一歩なんです。

自分を信じるコツは、まず自分をほめてあげることです。

小さなことでもいいんです。

「今日は朝早く起きられた！」とか「友達を笑顔にできた！」など、自分ができたことを認めると、自信がついてきます。

そして、人と自分を比べないことも大切です。

他の人は他の人、自分は自分。自分のペースで進んでいけばいいんです。

自分にしかできないこと、自分ならではのよさがあることを忘れないでください。

自分の可能性を信じるというのは、まずは、自分のことをもっと好きになることかもしれません。

自分を信じて、少しずつチャレンジしてみましょう。

「次はうまくいく」と思える根拠

「次はうまくいくなんて、信じられない」という人は少なくないかもしれません。

それが信じられないので、自己肯定感が高まらないのです。でも、実は「次はうまくいく」と思える根拠は、私たちの日常の中にたくさん隠れています。


【次はうまくいくと思える根拠】

①過去の成功体験
以前に何かを成功させたことがあるなら、それは大きな根拠になります。

たとえば「テストでよい点を取った」「友達との関係をよくした」「趣味で成果を出した」など、小さな成功も全部、次にうまくいくための根拠です。

②学んだこと

失敗したときに学んだことも大切な根拠です。何がうまくいかなかったのか、どうすれば改善できるのかを考えれば、同じ失敗を繰り返さずにすみます。

③準備と計画

新しいことに挑戦する前に、しっかりと準備をして計画を立てることも、成功するための根拠です。準備ができていれば、何か問題が起きても対処しやすくなります。

④励ましてくれる人がいること

家族や友達、先生など、自分を応援してくれる人がいることも、大きな支えになります。誰かが自分のことを信じてくれていると感じると、自分も自分を信じられるようになります。

⑤自分自身の成長

成長している自分自身を感じることができれば、それもうまくいく根拠となります。小さなことでも、自分が成長した点を見つけてみましょう。

明日のことは、まだ何も確定していない

「明日のことは、まだ何も確定していない」

これは「未来は自分の手で変えられる」という希望のメッセージです。

今日がよくない日だったとしても、それが明日も続くとは限らないということです。

たとえば、あなたが一度失敗したとします。

でも、その失敗が「永遠に続く」と決まっているわけではありません。

明日は新しい日で、新しいチャンスがあるんです。

この考え方で過ごせば、たとえ失敗しても、「次はうまくいくかもしれない」と前向きに生きられます。

この考え方のよいところは、心に余裕が生まれることです。

すべてが決まってしまっていると思うと、プレッシャーを感じてしまうかもしれませんが、「明日はまだ何も決まっていない」と思えば、もっと自由に、リラックスして新しいことに挑戦できます。

また、自分の未来は自分でつくるものだと考えることで、自分の行動や選択がとても大切だということに気づけます。

今日学んだことや経験したことを活かして、明日をもっとよい日にするために何ができるか考えるきっかけになるんです。

未来は白紙のページのようなもので、それをどう埋めていくかは自分次第。

明日や、これから先のことはまだ何も書かれていない。つまり、すべては自分で決められるという意味です。

まるで新しいノートを開いたときに見る、真っ白なページのようなもので、これからの未来はどんな色で、どんな絵や文字で埋めていくかは自分次第なんです。

たとえば、絵を描くのが好きな子がいたとします。

その子が新しい絵を描き始めるとき、キャンバスは真っ白で何もない状態です。

その子がどんな絵を描くかは、その子のアイデアや気持ち、選ぶ色によって決まります。

その絵はその子だけのオリジナルで、誰にも真似できないものになります。

これと同じで、未来も今の自分のアイデアや決断、行動によってどんなかたちにもできるんです。もし今日がよくない日だったとしても、それはただの1ページ。明日のページはまた真っ白で、新しいことを始めるチャンスがあります。

だから、「未来は白紙のページのようなもの」と考えれば、どんなに今が大変でも、これからどんな素敵なことが起こるかわからないし、自分の力でよりよい方向に導くことができるという希望を持つことができるんです。

自分の未来は自分でつくり出すことができる、というワクワクするような気持ちを持てることが、この考え方の素晴らしいところです。

今日の失敗は明日にきっと活かせる

どんな失敗も、ポジティブに捉え、成長の糧に変える力が、あなたにはあります。

失敗を単なるネガティブな出来事としてではなく、貴重な学びとして受けとめることで、それが可能になるわけです。

たとえば、料理で新しいレシピに挑戦したけれど、思ったようにうまくいかなかった場合を考えてみましょう。

最初はガッカリするかもしれませんが、この経験から「味付けが濃すぎたかも」「火の通し方が足りなかったかな」といった具体的な反省点が見えてきます。それを活かすことで、次回は、よりおいしい料理をつくる可能性が高まります。

また、スポーツで新しい技《わざ》に挑戦して失敗した場合も同じです。

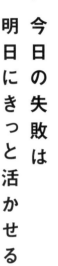

たとえばバスケットボールで新しいドリブル技術を練習しているとき、何度もボールが手から離れてしまうことがあるかもしれません。

しかし、その失敗から「もっとリラックスしてボールを扱う必要がある」「足の動きを変えたほうがいい」といった気づきを得ることができます。それらの気づきを次の練習に活かすことで、徐々に技術が向上していくのです。

このように、失敗は「うまくいかなかった」と終わらせるのではなく、「次にどうすればもっとうまくいくか」を考えるきっかけとすることができます。

失敗から得た学びを次の行動に活かすことで、私たちは一歩ずつ前進し、成長していくことができるのです。

失敗は終わりではなく、新しいスタートのサインと捉えることが、成功への道を切《き》り拓《ひら》きます。

つまりは、今日の失敗は、明日にきっと活かせる、ということです。

こう考えることで、失敗を恐れずに新しいことに挑戦する勇気が湧いてきます。

失敗から学ぶことで、少しずつでも、自分が成長していくのを感じられるようになります。

失敗は、成功への道のりにおいて避けられないものです。

大切なのは、その失敗から目を背《そむ》けず、正面から向き合い、何を学べるかを考えること。その学びを次の行動に活かすことができれば、失敗は価値ある経験となり、自分をより強く、賢《かしこ》くしてくれます。

ですから、今日の失敗も決して無駄ではなく、それが明日、あるいはこれからの自分のためにきっと役立つと信じて、前に進んでみましょう。

自分自身を信じて、失敗を成長の糧として受け入れることができれば、どんな困難も乗り越えられるようになります。

希望をもって次に進む

人生では、予期せぬ挑戦や困難に直面することがあります。

そんなときでも希望を持ち続けることで、前向きに、そして積極的にそれらに対処していくことができます。

希望を持つことは、未来に対するポジティブな見通しを持つことを意味します。

それは、現状がどんなに厳しくても、明るい未来が待っていると信じる力です。

この信念は、私たちに行動する勇気を与え、目の前の障害を乗り越える推進力となります。

希望があれば、失敗や挫折《ざせつ》から立ち直ることができます。

失敗を経験しても、「次はうまくいく」と信じることができれば、その経験を教訓として活かし、改善するためのステップとすることができます。

希望は、自分自身を信じ、自分の能力を最大限に引き出すための源泉です。

また、希望を持つことは、まわりの人々にもポジティブな影響を与えます。

自分が希望に満ちた態度でいることで、他人もまた希望を持つようになり、相互に励まし合いながら、よりよい未来に向かって進むことができます。

希望をもって次に進むことは、単に楽観的でいること以上の意味があります。

それは、どんな状況でも自分の力で未来を切り拓くという強い決意を表します。

だからこそ、希望をもって次に進むことの重要性は、どんなときも忘れてはいけないことなのです。

第5章

自分を受けいれる「全部、許します！」

「許せない気持ち」と、どう折り合いをつけるか

時には誰かに傷つけられたり、悲しいことがあったりして、「もう許せない！」という気持ちにとらわれてしまうことがあるでしょう。そんなとき、どうすれば心をラクにすることができるでしょうか。

さあ、5つめの言葉は、「全部、許します！」です。

「許せない」と思うのは、自分が傷ついたからです。

たとえば、友達に大切な秘密を話したのに、それが他の人に広まってしまったり、がんばっているのに認めてもらえなかったり。そういうとき、心が痛いですよね。

その痛みから自分を守ろうとすると、自然と「もうあの人のことは許せない」と思ってしまいます。

でも、ずっと「許せない」と思っていると、心にずっと重い荷物を背負っているみたいで、疲れてしまいます。

過去のつらいことをずっと考えていると、新しい楽しいことに気づきにくくなってしまったり、他の大切な人との関係にも影響が出てきます。

許すというのは、その人のしたことをＯＫと認めるという意味ではなく、自分の心をラクにするために、それをするのです。

「許す」と決めることで、心の中の重い荷物を下ろすことができます。

これは自分のためにとても大切なこと。

自分を大切にするために、過去にこだわらず、前を向いて歩きだす勇気を持つことが、この章で伝えたいメッセージです。

自分や他人を許すことは、心を癒《い》やし、もっと明るい未来へ進む力を与えてくれます。自分をラクにするために、「許す」ことの大切さを思い出してください。

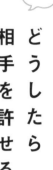

どうしたら相手を許せるか？

相手を許すことは、自分の心が軽くなり、前に進むための大切な過程です。
許すことで得られるのは、相手への理解や自分自身の心の平和です。
でも、許すことは一朝一夕《いっちょういっせき》にできるものではありません。
こだわりを手放し、相手を許すためには、次のステップを踏むことが役立ちます。

［許しのステップ］

①自分の感情を認める

最初に、自分が感じている怒りや悲しみなどの感情を正直に認めましょう。
感情を無視するのではなく、自分がどう感じているのかを理解することが大切です。

② 状況を客観的に見る

相手の行動を冷静に振り返り、なぜそうなったのかを考えてみます。時には、相手にも事情があったり、誤解があったりするかもしれません。相手の立場に立って考えることで、事の理解が深まります。

③ 学びを見つける

この経験から何を学ぶことができるかを探ります。自分自身について、人との関わり方について、価値ある学びを得ることができるかもしれません。

④ 許すことのメリットを考える

怒りや恨《うら》みを持ち続けることの疲れや、心の不自由さに目を向けましょう。許すことで、自分自身がどれだけラクになれるか、前向きな気持ちでいられるかを想像してみてください。

⑤ 少しずつ手放す

許すことは急にはできないかもしれません。まずは、相手に対するネガティブな感情を少しずつ手放してみましょう。
心の中で相手を思い出したとき、少し穏やかな気持ちを持てるようにすることから始めてみてください。

相手を許す過程は、自分自身にとっても有益なものです。
許すことで心の平和を取り戻し、それが自分自身の成長につながります。
自分を大切にしながら、ゆっくりと許すことを試みてみましょう。

人を許せないのは、自分を許していないから?

人を許せない気持ちがあるとき、実は、それが自分自身を許していないことと関係があるかもしれません。これは少し不思議に感じるかもしれませんが、心の奥深くで起きていることを探ると、面白い発見があると思います。

たとえば、誰かに傷つけられたとき、私たちは、その人に対して怒りや悲しみを感じます。

でも、その感情の裏側で、

「なぜ自分は傷つかなければならなかったのか」

「もっと賢ければ、こんなことにはならなかったかもしれない」

と、実は、自分自身を責めていることがあります。

つまり、他人を許せないのは、その出来事において自分自身に何らかの責任を感じ、それを許せていないからかもしれません。

さらに、人を許せないという感情は、過去の経験や痛みを引きずっているサインでもあります。この痛みが自分を攻撃するかたちで現れるとき、それは自分自身を完全には受け入れていないことを意味します。

自分の弱さや過《あやま》ち、不完全さを許していないために、他人の過ちも許せないのです。このような状況で大切なのは、まず自分自身を深く理解し、自分の感情や反応に対する優しさを持つことです。

自分自身の弱さや過ちを認め、それらを受け入れる勇気を持つことで、心にゆとりが生まれます。そして、そのゆとりが他人に対する理解や許しにつながるのです。

自分自身を許すことは、他人を許すことへの第一歩となります。自分に対する理解と優しさが深まると、他人の過ちにも寛大になれるようになります。

人を許せないときは、自分自身と向き合い、自分を許すことから始めてみましょう。

「許せない自分」を許す

「許せない」という気持ちを持つこと、それは誰にでもある自然なことです。

たとえば、友達に傷つけられたり、大切な人に裏切られたりしたとき、心から「許せない」と感じることがあります。

でも、そんなとき、無理に「許さなきゃ」と思うよりも、まずは「許せない自分」を受け入れてあげることが大事なんです。

「許せない」と感じる自分にも、その気持ちになる理由があります。

自分が傷ついたから、悲しかったから、そう感じるのです。

そして、その感情は、自分の心が発する大切なサインなんです。

「許せない自分」を許してあげましょう。

それは、自分の心に優しく寄り添うことです。

自分の感情に、「そう感じてもいいんだよ」と許可を与えることです。

その感情を抱えていても、自分を悪く思わないでください。

自分の感情に正直でいることは、とても勇気のいることなんです。

実は、自分の感情を受け入れることができれば、心が少しずつラクになってきます。

許せない気持ちを抱えたままでも、それで自分がダメな人間だと思わないで、自分らしくいられるようになるんです。

この考え方のいいところは、自分をより深く理解できるようになることです。

自分の感情を大切にすることで、心が穏《おだ》やかになり、他の人との関係もよりよいものになっていきます。

モヤモヤや怒りを消す「許し方」

モヤモヤや怒りを感じるとき、それを消してスッキリさせるには、「許し」が鍵になります。でも、どう許したらいいのでしょうか？

【怒りを消す許し方】

①自分の感情に名前をつける
最初に、自分が今、何に対してモヤモヤや怒りを感じているのかを、はっきりさせましょう。「友達に言われた言葉がイヤだった」「約束を忘れられた」など、具体的に理由を考えます。

②感情を表現する

ノートに書き出したり、信頼できる人に話したりして、自分の中にある「感情」を「外」に出しましょう。感情を内に抱え込むと、モヤモヤが大きくなるだけです。外に出すことで、心が少しラクになります。

③相手の立場を考えてみる

なぜ相手がそうしたのか、相手の立場になって考えてみます。

誰でも間違いはあるし、誤解も生まれやすいものです。相手の事情や気持ちを想像することで、怒りが和《やわ》らぐことがあります。

④自分にとってのメリットを考える

怒りやモヤモヤをずっと持ち続けると、自分が疲れてしまいます。

それを手放すことで、自分がどれだけラクになれるかを考えてみましょう。

心に余裕ができて、前向きな気持ちになれます。

⑤小さな一歩を踏み出す

許すことは一瞬にして完了するものではありません。

まずは、小さな一歩から始めてみましょう。

たとえば、「今日だけはそのことを考えないで過ごしてみる」と決めるなど、自分にできる範囲でいいんです。

許すことは、相手のためだけではなく、自分自身の心を軽くするためにも大切です。怒りやモヤモヤを手放すことができれば、心にもっと素敵なことを迎え入れるスペースができます。

自分の心を大切にして、ゆっくりと許しのステップを踏んでみましょう。

自分の感情に名前をつける

「自分の感情に名前をつける」というのは、自分が「どんな気持ちか」ということを言葉で表すことです。これをすると、自分の心が「どうしてそうなっているのか」がよくわかるようになります。

たとえば、「なんだか心がモヤモヤする」と感じたら、それが「ガッカリしているから」なのか、「怒っているから」なのかを考えてみるわけです。

そうすることで、

「なぜ、その気持ちになったのか」

「どうしたらいいのか」

が見えてきやすくなります。

自分の気持ちにちゃんと名前をつけることは、自分の心と仲良くなるためにとっても大切なことです。

自分が何を感じているのかをわかってあげると、心がラクになったり、問題を解決するヒントが見つかったりします。

だから、自分の気持ちにちゃんと向き合って、言葉で表してみるのがいいんです。

ただ「嬉しい」「悲しい」というよりも、その感情の種類を、できるだけ細かく、具体的に表すことです。

これによって、自分の気持ちがより明確になり、どう対処すればいいかが見えやすくなります。いくつかの例をあげてみます。

○「イライラしている」→「焦っている」「不安になっている」
○「悲しい」→「失望している」「寂しい」
○「嬉しい」→「感謝している」「興奮している」

○「怖い」→「圧倒されている」「不安定な気持ちになっている」
○「怒っている」→「裏切られたと感じている」「無視されていると感じている」

たとえば、友達に何かを頼んだけど、その約束を忘れられたとき、ただ「怒っている」と感じるだけではなく、「裏切られたと感じている」と自分の感情に名前をつけると、その気持ちがより具体的になります。

すると、なぜそのように感じるのか、どうすればその感情を解決できるのかが、考えやすくなります。

このように、自分の感情に具体的な名前をつけることで、自分の心の中をもっと深く理解する手がかりになります。

そして、それが自分自身の感情をうまく扱うことにもなります。

自分の心にどんな感情があるのかを知ることは、自分自身と向き合い、よりよい自分になるための大切なプロセスなんです。

声に出すだけで心が晴れることもある

自分の負の感情や考えを言葉にして声に出すことで、心の中が整理され、抱えていたストレスや不安が軽減することがあります。

こうなるプロセスにはいくつかの理由があります。

まず、自分の感情や思いを声に出すことで、それらが現実のものとして認識されます。心の中だけでグルグルと考えていると、感情がどんどん大きくなってしまうことがありますが、言葉にして外に出すことで、感情が客観的に見えるようになり、その結果、心が少しラクになります。

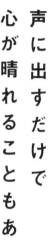

また、声に出して話すことで、自分の感情を他人と共有することができます。

信頼できる友達や家族に自分の心の中を話すことで、共感や励ましの言葉をもらえることもあります。

他人からのサポートを感じることで、一人で悩みを抱え込んでいるときよりも、心がずっと軽くなることがあります。

さらに、声に出すことで、自分の思いや感情により深く向き合うことができます。自分が本当は何を感じているのか、何を望んでいるのかを明確にすることができるのです。この自己理解は、問題に対処するための新しい視点を見つける助けになります。

心が晴れるために声に出してみるといいフレーズの例としては、

「いまの自分の気持ちは○○だ」

と自分の感情を言葉にすることや、

「大丈夫、何とかなる」

と自分を励ます言葉があります。

声に出すことは、シンプルながらも強力なツールです。自分の心としっかり向き合い、心のモヤモヤを晴らす方法として活用してみてください。

【感情を外に出す方法】

① 自分の感情をそのまま話す
「いま本当に疲れているんだ」「悲しい気持ちだ」と自分の感情を正直に声に出してみます。自分で自分の感情を認めることで、心が少しラクになることがあります。

② 自分を励ます言葉
「大丈夫、私ならできる」「次はもっとうまくいくよ」と自分自身に向けてポジティブな言葉をかけてみます。自己肯定感が高まり、心に勇気が湧いてきます。

③ 感謝の言葉を話す
「今日手伝ってくれた友達にありがとう」「おいしいごはんが食べられて幸せ」と、小さなことでも感謝の気持ちを声に出してみます。感謝の気持ちを表現することで、心が温かくなり、ポジティブな感情が増えていきます。

④解決したいことを声に出す
「この問題を解決するためには何が必要かな?」と自問自答してみることで、
頭の中が整理され、解決策が見えやすくなります。
⑤リラックスするための言葉
「深呼吸して、リラックスしよう」と自分に言い聞かせると、からだがリラッ
クスし、心も穏やかになります。

このように、自分の感情や考えを言葉にして声に出すことで、心が晴れやかになり、問題に対する新たな視点が得られることがあります。

大切なのは、自分の心と向き合い、自分自身を大切に扱うことです。

自分の感情を大切にすることで、心の平和を取り戻し、日々を前向きに過ごすことができます。

人も自分も拒絶しない

「許せない」と感じるのは、ある意味で「拒絶の感情」が働いているからといえます。

何かに傷ついたり、裏切られたりしたとき、その人や出来事に対して「受け入れがたい」と感じるのは、自然な反応です。

その背後には、

「これは自分にとって受け入れられないことだ」

という拒絶の感情があります。

「拒絶」は、自分を守ろうとする心のメカニズムの一つです。

傷つけられた経験を拒絶することで、同じような痛みから自分を守ろうとします。

しかし、この拒絶の感情が強すぎると、心にずっと重荷を感じ続けることになり、それが「許せない」という気持ちとなって現れます。

「許せない」と感じる心の状態を変えるには、拒絶の感情を見直し、理解しようとすることが大切です。

その人や出来事を完全に受け入れる必要はありませんが、自分の中でその感情を認め、「許せない」と感じる自分自身を、まず許してあげることが重要です。

自分の感情に寛容であることで、心が少しずつ柔らかくなり、許しに向かう道が見えてきます。

許しは一方的な行為ではなく、自分自身の心を解放する過程です。

拒絶していた心を少し開くことで、過去の痛みから学び、成長する機会を得ることができます。そして、時間をかけて自分のペースで、許しの感情に向かっていくことができるようになるのです。

人も自分も拒絶しないことは、心の健康にとって非常に大切です。

自分や他人を拒絶することは、理解や共感の欠如から来ることが多く、それがストレスや孤立感を引き起こす原因となり得ます。

他人を拒絶せずに受け入れることは、人とのつながりを深め、よりよい関係を築くために重要です。

他人の考えや感情、行動を理解しようと努《つと》めることで、相互の信頼や尊重が生まれます。これは、健全なコミュニティを築く基礎となります。

同様に、自分自身を拒絶しないこともまた重要です。

自己批判や自己否定は自尊心を低下させ、幸福感を奪《うば》います。

自分の感情や欠点を受け入れることで、自己愛と自己尊重を育み、自信をもって生きることができるようになります。

人を受け入れ、自分自身を受け入れることは、心の平和と充実感を得るために欠かせない要素です。

自分と他人を拒絶せずに受け入れることで、よりポジティブに、人と支え合う関係を築き、人生を豊かにすることができます。自分も他人も大切にする心がけが、幸せな人生を送る秘訣なのです。

第 6 章

自分に感謝する「ありがとう！」

「ありがとう」と言っているのに、うまくいかない

シンプルな言葉には、そのシンプルさからは計《はか》り知《し》れないほどの愛と感謝を育む大きな力を持つものがあります。
それを自分自身に言うことで、自分の中の小さな成功やよいところ、日々の努力に目を向けることができるのです。

さあ、6つめの言葉は、「ありがとう!」です。

「ありがとう」は、自分を大好きになるための最強の言葉です。
たとえば、何か難しいことに挑戦した後に、

「よくがんばったね、ありがとう」

と自分自身に言ってみると、自分の努力を認め、自尊心を高めることができます。

また、「ありがとう」という言葉は、自分のまわりにあるよいことや、他人から受ける優しさに感謝する気持ちを思い出させてくれます。

友達が優しい言葉をかけてくれたり、家族が支えてくれたりすることに「ありがとう」と感じることで、人とのつながりの中で自分が大切にされていることを実感できます。

さらに、「ありがとう」と心から感じることは、日々の小さな幸せに気づくきっかけにもなります。

おいしいごはんが食べられたこと、素敵な音楽に出会えたこと、きれいな景色を見られたことなど、日常の中の小さな瞬間に「ありがとう」と感じることで、自分の人生をより豊かに感じることができます。

このように、「ありがとう」という言葉は、自分自身やまわりの人たち、そして自分の人生に対して、感謝の気持ちを持つことを思い出させてくれます。

自分を含めたすべてに感謝することで、自分自身をもっと愛し、大切にすることができるようになります。

だからこそ、「ありがとう」は最強なのです。

ところが、

「私は、ありがとうをたくさん言っていますが、全然うまくいきません」

と言う人がいます。

それには、いくつかの理由があるように思います。

まず、大切なのは「ありがとう」を心から言っているかどうかです。

ただ口にするだけで、心からの感謝がなければ、その言葉には力がないのです。

動作のついでのように、自動的に「ありがとう」と言っても、その裏に本当の感謝の気持ちがないと、人には伝わりません。

次に、言葉だけではなく、行動も大切です。

「ありがとう」と言った後に、その人への感謝の気持ちを行動で示さなければ、言葉だけになってしまいます。

たとえば、誰かが助けてくれたら、お礼の品を渡したり、次は自分が助ける番だと思って行動することが大切です。

そして、心から感謝していても、すぐにすべてが思い通りになるわけではない、ということもあります。

感謝の気持ちを持つことは素晴らしいことですが、物事がうまくいかないときは、別の方法を試してみる必要があるかもしれません。

要するに、「ありがとう」という言葉はとても大切ですが、それだけですべてが解決するわけではないのです。

心からの感謝の念を抱きつつ、その思いを、言葉だけでなく行動にも移してみる。

そうしても、うまくいかないときには、別の方法を考えてみる柔軟さも大事にしてみてください。

「感謝している」と言いながら心から感謝できている人は少ない

「感謝している」と口にしても、実際には、そこまで感謝の気持ちを感じている人は少ないかもしれません。これは、それを責めているのではありません。

感謝の言葉に、感謝の気持ちが伴わないのには、いくつか理由があって、その一つは日常が忙しすぎて、本当にそれを感じる余裕がないことです。

毎日を慌《あわ》ただしく過ごしていると、まわりの人や物事に対して「ありがとう」という気持ちを深く感じる時間が少なくなってしまいます。

また、感謝の言葉を、社会的な礼儀や習慣として言っている場合もあります。

たとえば、「ありがとう」の言葉が、ただの挨拶《あいさつ》や返事として使われることがあります。それ自体、悪いことではありませんが、習慣的に使ううちに、その言葉の持つ本来の意味や重さを忘れてしまうことがあるのです。

心からの感謝を感じるためには、少し立ちどまって、自分のまわりの人や物事に意識を向ける必要があります。

たとえば、友達がしてくれた優しいこと、家族の支え、日常の小さな幸せなど、身のまわりの有り難いことに目を向けてみると、本当の感謝の気持ちが湧いてきます。

心から感謝することは、自分の心にもよい影響を与えます。

感謝の気持ちを持つことで、心が豊かになり、ポジティブな気持ちが増えます。

さらに、感謝を表現することで人間関係が深まり、よりよいコミュニケーションが生まれることもあります。

「ありがとう！」の気持ちは、日々の忙しさの中でも、少しの時間を見つけて、じっくりと感じてみることが大切です。そのためには、自分自身との対話や、まわりの人々や物事への深い思いやりを持つことが鍵となります。

感謝するとはどういうことか？

感謝するとは、自分のまわりにあるよいことや、他人から受けた優しさに心から価値を見出し、それに対して有り難いと思う気持ちを持つことを言います。

たとえば、友達が助けてくれたときや、おいしいごはんが食べられたとき、「嬉しいな」「ラッキーだな」と思うでしょう？　それが感謝の気持ちです。

感謝をすると、心がハッピーになります。

いいことに気づくと、もっと幸せを感じられるようになるんです。

そして、感謝を伝えると、友達との関係ももっとよくなります。

お互いに、いい気持ちになれるので、いい関係が続くわけです。

自分が出会う人、自分に起こることに対してポジティブな認識を持ち、その存在や行動すべてが自分の人生に与える、ということに感謝します。

感謝する行為には、大きく分けて二つの側面があります。

【内面的な感謝】

心の中で感じる感謝です。

日常生活での小さなこと、たとえばおいしい食事が食べられること、健康であること、友人や家族の存在など、当たり前のように思える日々の出来事に対して心から感謝を感じることです。この「内面的な感謝」は、しばしば自分自身の幸福感を高め、ポジティブな気持ちにつながります。

【外向きの感謝】

感謝の気持ちを言葉や行動で表現することです。

「ありがとう」の言葉を口に出すこと、感謝の手紙を書くこと、何かしらの方法で恩返しをすることなどが含まれます。このように感謝を表現することで、感謝の気持ちは相手に伝わり、人間関係を深める効果があります。

感謝することは、自分の心を豊かにし、人生をよりよいものにするための大切な習慣です。感謝の気持ちを持つことで、日々の生活に対する見方が変わり、より多くのよいことに気づくようになります。

また、感謝を表現することで、周囲の人たちとのつながりを強め、お互いの幸福に貢献《こうけん》することができるのです。

簡単に言えば、感謝するというのは、すべてのことに「ありがとう！」と思うこと。それを心の中で感じたり、言葉で伝えたりすることが大切です。

それが自分も、まわりもハッピーにします。

「感謝」の反対は「当たり前」

日常生活で、いろいろなことがスムースにいくと、最初は有り難いと思っていたことも、次第に、「これが普通だ」と感じるようになります。

たとえば、毎日おいしいごはんが食べられること、友達がいつも支えてくれること、家族が健康であることなど、これらを「当たり前」と思ってしまうと、その大切さや有り難さを忘れがちです。

そして、それがなくなったときに初めて、その価値に気づくのです。

いつも使っているスマホが壊れたときにその不便さを知り、いつも支えてくれた人がいなくなったとき、その人の大切さを思い知るのです。

それがわかっていても、私たちは、環境や状況に慣れてしまうと、その価値を見過ごしてしまいがちです。

毎日食べる食事、毎日使う電気や水、毎日の通勤や通学の道のりなど、慣れ親しんだ環境やルーチンは、特別なこととは感じにくくなります。これは、「適応レベルの現象」とも呼ばれ、人間がその環境や状況に慣れ、新鮮さを感じなくなる、という心理的なメカニズムに基づいています。

しかし、この「当たり前」に感じること自体を否定する必要はありません。

大切なのは、時に立ちどまって、日々の生活の中にある「小さな奇跡」や「小さな幸せ」に気づく機会を持つことです。

たとえば、美しい夕焼けを見たときに、一瞬で心が動かされるような、そんな日常の中の小さな瞬間に感謝の気持ちを見つけ出すことができます。

日々の「当たり前」を見直し、その中にある価値や意味を再発見することで、感謝の気持ちを育むことができます。

適応レベルの現象に慣れない

当初は新鮮だったり、特別な刺激や感情を呼び起こしたことも、時間がたつにつれて、その感覚が薄れ、感じることがなくなっていく。

引っ越したばかりの新しい家や、新しい仕事も、最初はワクワクするものの、いずれは日常の一部となり、特別な感情を抱くことが少なくなります。それが、「適応レベルの現象」という心理学の概念だということを前でお話ししました。

でも、それは悪いことでしょうか?

この現象は、人間が環境に適応する能力の一つとして理解されています。

適応することで、人は変化する環境の中でも安定した心理状態を保つことができます。

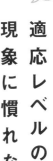

しかし、その反面、日々の生活の中での小さな幸せや、身近な人への感謝の気持ちを見過ごしてしまうことがあるわけです。

「適応レベルの現象」を意識することで、私たちは日常の中にある幸せや感謝すべき点を再発見するきっかけを持つことができます。

たとえば、

○日々の生活のルーチンを変えてみる

○新しい趣味を始める

○身近な人へ改めて感謝の気持ちを伝える

など、小さな変化を取り入れることで、ふだん見過ごしている価値や喜びを感じることができるようになります。

このようにして、「適応レベルの現象」を意識しながらも、日々の生活の中で新鮮な気持ちを保ち続けることが、充実した人生を送るための一つの方法となります。

すべてがうまくいく究極の言葉

「ありがとう」は、まさにすべてがうまくいくための究極の言葉と言えます。

このシンプルな言葉には、人を幸せにし、人生を豊かにする力が秘められています。

まず、感謝を表す「ありがとう」は、人間関係を深める魔法のような効果があります。誰かに感謝の気持ちを伝えることで、その人とのつながりが強まり、相互の信頼と理解が深まります。

また、感謝の言葉を受けとった人は幸せを感じ、その幸せがさらに周囲に広がるポジティブな連鎖を生み出します。

さらに、「ありがとう」と心から感謝することで、自分自身の心も豊かになります。日々の小さなことに感謝の気持ちを持つことで、人生の美しさや価値を再発見し、幸福感が増します。感謝の気持ちを持つことは、ストレスを減らし、心の健康を保つ効果もあるといわれています。

また、困難な状況や挑戦の中でも、前向きな気持ちを保つ助けにもなります。

物事が思い通りに進まないときでも、その中で見つけた小さなよい点や学びに感謝することで、挫折や失敗を乗り越える力を得ることができます。


究極の言葉「ありがとう」を日常に取り入れることは、自分と周囲を幸せにするシンプルで強力な方法です。

感謝の気持ちを言葉にすること、心から、それを感じることで、人生をより豊かで幸せなものに変えていくことができます。

「ありがとう」という言葉には、その可能性が無限に秘められているのです。

この言葉を使うだけで、人との関係がよくなったり、自分自身がハッピーになったりします。

【友達や家族に「ありがとう」を言うと】

その人たちは、すごく嬉しく感じます。そして、その嬉しさは、あなたにも戻ってくるので、お互いがもっと仲良くなれます。

【自分が「ありがとう」と思うと】

小さなことでもいいんです。暑い夏に冷たいアイスを食べられたり、楽しい音楽を聴けたりしたときに「ありがとう」と感じると、それだけで自分の中にある幸せがどんどん大きくなります。

【うまくいかないときでも「ありがとう」と思う】

失敗しても「何か学べたな、ありがとう」と思うことができたら、次に進む力が湧いてきます。

うまくいかないときにも「ありがとう」

「ありがとう」には、人を笑顔にする力があるんです。

言葉一つで、自分も、まわりも、もっとハッピーになれる。だから、「ありがとう」はすごく大切で、パワフルな言葉なんです。

毎日、何か一つでも「ありがとう」と思えることを見つけられたら、あなたの世界は、いまよりもっと明るくなります。

それは、「うまくいかないとき」でも有効です。

うまくいっていないときに、「ありがとう」と思うことなど難しいと感じるかもしれませんが、だからこそ、とても価値のあることです。

うまくいかないときにも感謝する——この考え方は、困難や挑戦の中でもポジティブな側面を見つける助けとなり、成長と癒やしのきっかけになります。

たとえば、何かに失敗したとき、その瞬間は悲しいかもしれませんが、「この経験から学べることがある、ありがとう」と思うことで、失敗を乗り越える力に換えることができます。

失敗から学ぶことで、次に同じような状況に遭遇《そうぐう》したときには、もっとうまく対処できるかもしれません。その意味で、「ありがとう」と感謝することは、自分自身を成長させる機会となります。

また、うまくいかないときに「ありがとう」と思うことは、自分の心を穏やかに保つ助けにもなります。

困難な状況に対して怒りや悲しみにとらわれる代わりに、感謝の気持ちを持つことで、心に平和をもたらし、ストレスを減らすことができます。

さらに、うまくいかない状況でも感謝することは、まわりの人たちとの関係にもよい影響を与えます。

たとえば、誰かの助けを借りたとき、その助けが完全なかたちでなかったとしても、

「助けてくれたこと」自体に感謝することで、お互いの絆を深めることができます。
うまくいかないときに感謝するというのは、次のようなケースです。

【雨で予定が台無しになったとき】

「予定が変わったおかげで、家でゆっくり過ごす時間が持てた。休息が必要だったんだ、ありがとう」と感じることができます。予期せぬ変化が、実は必要な休息や別の価値ある時間を提供してくれることがあります。

【仕事でミスをしたとき】

「このミスを通して、仕事の大切なポイントを学べた。よりよい仕事ができるようになるための経験をありがとう」と思います。ミスから学んだことは、将来の成功につながる貴重な教訓になります。

【試験に落ちたとき】

「勉強が足りなかった部分が明確になった。次はもっとがんばれる、ありがとう」と思います。この失敗を経験したおかげで、どうすれば改善できるかがわかり、自分を成長させるチャンスになります。

【友達とケンカしたとき】

「このケンカを通して、お互いについてもっと深く理解できた。関係を強くするきっかけになった、ありがとう」と考えることができます。問題を解決する過程で、友情がより深まることがあります。

うまくいかない状況をただ悲しむのではなく、その中に隠された価値や学びを見つけ出し、それに対して「ありがとう」と感謝の気持ちを持つことが大切です。

このような考え方をすることで、困難なときでも前向きに、そして積極的に乗り越えていく力を育むことができます。

うまくいかないときに「ありがとう」と心から思うことは、すぐには難しいかもしれませんが、この習慣を身につけることで、人生をより豊かでポジティブなものに変えていくことができるでしょう。

感謝したいことに気づけることが大切

感謝の気持ちを持つことで、私たちの心はポジティブな方向に向かい、幸福感が高まります。感謝することで、周囲の小さな美しい瞬間や人々の優しさに目を向けることができ、それが自分自身の心を豊かにします。

感謝したいことに気づくには、日々の忙しさの中でも、まわりをよく観察し、自分の中の感情に意識を向けることが重要です。

たとえば、朝起きて外が晴れていること、淹《い》れたてのコーヒーが飲めること、家族や友人からの優しい声かけ、日々の健康など、ふだんは「当たり前」と思っているようなことに、改めて感謝の気持ちを持つことです。

また、感謝日記をつけるのも一つの方法です。

一日の終わりにその日にあった「よかったこと」「感謝したいこと」を3つほど書き出してみると、ポジティブなことに、より多く気づけるようになります。

この習慣は、日常の中の小さな幸せを見つける訓練にもなります。

感謝の気持ちを持つことは、他人への思いやりや優しさを育むことにもつながります。人に感謝をすることで、その人との関係が深まり、相互の信頼が築けます。

また、感謝の気持ちを持つことで、他人のよい面に目を向けられるようになり、人間関係がよりポジティブなものになります。

感謝したいことに気づけることは、日々の生活をより楽しく、意味のあるものにするために非常に大切です。この習慣を持つことで、人生の多くの瞬間に幸せを感じることができるようになります。

【感謝の心がもたらす効果】

感謝の心を持つことで、私たちは心の平和を保つことができます。

感謝はポジティブな感情であり、ストレスやネガティブな感情を打ち消す力を持っています。感謝の気持ちを持つことで、幸福感が増し、日々の小さな出来事に対しても前向きな気持ちでいられるようになります。

また、感謝を表現することで、人間関係が深まり、互いの絆が強くなることもあります。「ありがとう！」の言葉は、人を幸せにする魔法の言葉であり、その効果は計り知れません。

私たちが「ありがとう！」と言うとき、それは単に礼儀正しい挨拶以上の意味を持ちます。この言葉は、感謝の気持ちを表現し、まわりの人々や生活の中で起こる出来事に対する認識を変える力を持っています。

「ありがとう！」と心から言うことで、私たちは自分のまわりにある美しい瞬間や人々の優しさに気づきやすくなり、それによって私たちの心はポジティブな方向に導かれます。

感謝は私たちの心を育て、人間関係を深め、人生の多くの側面を改善する強力なツールです。そのツールを使って、毎日をより意味のあるものにしていきましょう。

第 7 章

すべてにOKを出す「それでも自分が好き！」

なぜ自分のことを好きになれないのか

「自分を好きになれない」

この感情に対処するには、まず自分の感情を認識し、受け入れることが大切です。

自分を嫌う気持ちは、自己成長のためのサインと捉え、その背景にある原因を理解し、対処していくことが重要です。

さあ、7つめの言葉は、「それでも自分が好き！」です。

なぜ自分を好きになれないのか？

この感情の背景には、次のような理由があります。

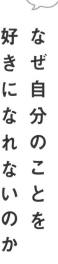

【完璧を求めすぎる】

自分に厳しくて、ちょっとした失敗も許せない。そんな完璧主義が、自分を嫌いになる原因になることがあります。

【他の人と比べてしまう】

友達やSNSで見る人たちと自分を比べて、自分のほうがダメだと思ってしまうこともあります。

【過去の失敗を忘れられない】

昔の失敗や悔しい思い出が忘れられず、それが自分を嫌う原因になり得ます。

【自分のいいところが見えない】

自分のよいところより悪いところばかり目について、自分の価値を見失ってしまうこともあります。

これらのことから、多くの人が自分自身に対して厳しい基準を設け、完璧を追い求めてしまいます。しかし、完璧を目指すことで得られるものよりも、それによって失われるもののほうが多いことに気づくことが大切です。

自分自身の価値は、完璧であるかどうかではなく、自分が持っている独自性や努力、成長の過程にあります。

自分自身に優しく、自分の不完全さを受け入れ、それでも自分を愛することが、本当の意味での幸せへの道と言えるでしょう。

では、そうなるために何ができるかと言えば、まずは自分に優しくしてあげることが大切です。小さな成功でもいいから、自分をほめてみたり、自分ががんばっていることに「ありがとう」と感謝してみるのもいいでしょう。

自分を客観的に見ることを学び、自分の長所やよいところにも目を向けてみましょう。他の人と自分を比べるのではなく、自分のペースで成長していることを認めることも大切です。

完璧な人間などいないことは誰でも知っている

自分を好きになることは、一日にしてならず。でも、毎日少しずつ自分のよいところを見つけたり、自分のことを受け入れる練習をすることで、徐々に「それでも自分が好き！」と思える日が来ます。

自分自身と友達になるように、ゆっくりと時間をかけて関係を築いていきましょう。

多くの人は、「完璧な人間などいない」と頭ではわかっています。

けれども、日々の生活の中で私たちは、自分や他人に対して無意識に、完璧を求めがちです。

社会の期待、ＳＮＳで見る理想的なライフスタイル、周囲との比較など、さまざまな外部からのプレッシャーが、私たち自身に対する厳しい基準をつくり出しています。

この「完璧を求める」心理は、実際には自分自身を保護しようとする防御機制の一つでもあります。

失敗を恐れ、批判されることを避けるために、私たちは自分自身に対して高い基準を設けることがあります。

しかし、このような完璧主義は、長期的に見るとストレスや不満足、自己否定といったネガティブな結果を引き起こすことがあります。

完璧を求めることの代わりに、私たちが目指すべきは「よいことの積み重ね」や「進歩」です。

失敗は成長の一部であり、間違いから学ぶことは、私たちをより賢く、強くします。

だから、自分自身や他人に完璧さを求めるのではなく、努力を認め、成長を祝うことが大切です。

「完璧な人間などいない」という理解を深めるためには、自分と他人に対する優しさと寛容《かんよう》さを持つことが重要です。

自分自身の小さな成功や、他人の努力を称《たた》えることで、私たちはよりポジティブな自己像を育むことができます。


「完璧」を求めるのではなく、自分の「不完全さ」を受け入れることです。

これができるだけで、自分自身ともっと平和に、幸せに生きられるようになります。

自分に対して、

「完璧でなくても大丈夫」

とすべて受け入れることが、自分を好きになる第一歩なんです。

だからこそ、自分自身と他人の成長を認め、小さな成功を祝うことです。

自分の不完全さを受け入れて、「好きになれない自分」を卒業することが、幸せへの近道になります。

好き嫌いは、なくしていくほうがいい

人生をより豊かにし、幸福感を高めるには「好き嫌い」をなくすことです。

これは食べ物の話ではありません。

人でも仕事でも、「好き嫌い」があれば、それだけ経験の幅は狭《せば》まっていきます。

結果として、新しいことに挑戦する機会が減ってしまうことがあります。

また、人や物事に対する偏見や先入観が強くなりがちで、それが人間関係の障害になることもあります。

好き嫌いを少なくしていくことで、次のようなメリットがあります。


【好き嫌いを減らすメリット】

① 新しい経験

好き嫌いを減らすことで、食べ物、趣味、人との出会いなど、新しい経験をすることにオープンになれます。これは、人生をより豊かで楽しいものに変えるきっかけになります。

② 柔軟な思考

好き嫌いが少なくなると、物事を柔軟に考えられるようになります。固定された思考パターンから抜け出し、さまざまな視点から物事を見ることができるようになります。

③ 人間関係の改善

人に対する好き嫌いが減ると、より多くの人と良好な関係を築くことができます。

あらかじめ持っていた偏見や先入観を捨てることで、人との関係が深まり、理解し合えることが増えます。

好き嫌いを減らすためには、まずは自分の好き嫌いがどのようなものか、その根拠は何かを考えてみることが大切です。

自分の感情や反応を観察し、なぜそのように感じるのかを理解することです。

また、新しいことに挑戦する際には、少しの勇気を持って踏み出していきましょう。

最初は抵抗を感じるかもしれませんが、経験を重ねることで徐々に新しいことへのオープンさが育っていきます。

好き嫌いをなくしていくことは、自分の人生をよりポジティブに、そして充実したものにするための有効な方法の一つです。

自分の内面に目を向け、新しい経験に積極的にチャレンジすることで、人生の可能性を広げていくことができるでしょう。

それはまるで人生のパレットを豊かに彩るようなものです。

好き嫌いが強いと、私たちは自分の小さな箱の中に閉じこもってしまいがちです。

この箱の中では、いつも同じ風景、同じ味、同じ人々に囲まれて、新鮮さや驚きの瞬間が少なくなります。

しかし、好き嫌いを手放し始めると、その箱のフタを開け放つことができ、いままで知らなかった色や香り、風景が目の前に広がります。

この変化は、初めての食べ物に挑戦したときに始まるかもしれません。

最初は抵抗があったその味が新しい発見となり、次第に味覚の世界が広がります。あるいは、いままで避けていた趣味や活動に手を出してみたら、思いがけず心が躍《おど》る情熱を見つけることがあります。

また、異なる背景を持つ人々との出会いが、自分の考え方や世界観を広げるきっかけになることもあります。

好き嫌いを減らす過程は、自分自身の内面を探る旅のようなものです。

なぜ自分はあるものを好きになり、またあるものを嫌うのか、その理由を深く考えることで、自己理解が深まります。

そして、新しいことにチャレンジする勇気を出すことで、自分の可能性を広げ、人生を豊かにする経験を積むことができます。

好き嫌いをなくしていくことは、自分の人生に対する好奇心を刺激し、新しい発見を楽しむことへの扉を開きます。

それは同時に、人との関わり方にも変化をもたらし、予期せぬつながりや友情、学びを提供してくれます。

このようにして、好き嫌いを減らしていくことは、人生のパレットに新しい色を加え、毎日をより鮮やかに、そして意味深いものに変えていく鍵なのです。

人には優しいのに、自分には厳しい人

他人には優しくできるのに、自分自身には厳しくしてしまう――。
こういう人ほど、自己肯定感が低くなりがちです。
理由は簡単です。自分への評価が厳しいからです。
これには、
○完璧を求める社会からの圧力
○自分の価値を成果でしか判断できない文化
○子どもの頃からのまわりの期待
など、多くの要因が絡み合っています。
この自己への厳格さは、ストレスや不安、自己否定感といった負の感情を生み出し、最終的には自己肯定感を低下させる原因となります。

では、自分に厳しいタイプの人が、自己肯定感を上げるにはどうしたらいいかといえば、それには、まず、「自己受容」の精神を育むことです。

自分自身の完璧ではない部分も含めて、すべてを受け入れることが必要です。

自分の中の長所だけでなく、短所も認めることです。

次に、自分のニーズや感情に耳を傾け、それらを大切に扱います。

たとえば、

○「疲れた」と感じたら、無理せず休む

○自分の好きなことに時間を使う

○どんなに小さなことでも、達成したら自分をほめる

など、日々の生活の中で自分自身へのケアを心がけることが、自分に優しくすることにつながります。自分自身に対する批判的な思考に気づいたら、それに立ち向かい、より肯定的なものに変えるよう努めることも大切です。

自分を責める代わりに、「次はもっとうまくやれる」と自分を励ますことで、自己肯定感を高めることができます。

自分に優しくすることは、他人に優しくすることと同様に重要です。

自分自身との関係を大切にし、ポジティブな自己イメージを育てることで、より満足度の高い人生を送ることができます。

自分を大切にすることは、自己成長の過程で、よりよい自分へと進化するためのサポートとなります。自分自身を愛し、大切にすることで、それが自然とまわりの人々への優しさにもつながり、人間関係を豊かにする効果をもたらします。

自分自身に優しくすることは、自分だけの問題ではなく、まわりとの関係や社会全体にポジティブな影響を与える行為です。

自分を大切にすることで、私たちはより幸せを感じ、その幸せを周囲とも分かち合うことができるのです。

何があっても自分のすべてを受け入れる

どんな状態でも、「それでも自分が好き」と言える。それができるようになることが、自己愛と自己受容の旅の究極的な目標と言えるでしょう。

このような状態は、自分自身の完璧さや成功、外部からの評価に依存しない、内側から湧き出る自己肯定感と深い自己理解に基づいています。

しかし、実際には多くの人がこの心境に到達するのは難しいと感じています。

なぜなら、私たちは、しばしば自分の価値を外部の基準や他人の意見によって測《はか》りがちであり、自分の短所や失敗に焦点を当てる傾向があるからです。

［自分を好きでいるために必要なこと］

①自己受容

自分自身の長所も短所もすべて受け入れること。自分の不完全さを認め、それでも自分を価値ある存在として見ることができるようになることです。

②内なる批判者との対話

私たちの中には、自分自身を批判し続ける内なる声が存在します。この声に意識的に耳を傾け、より慈悲《じひ》深い、肯定的なメッセージに置き換えることが大切です。

③失敗からの学び

失敗や挫折を、自分の価値を下げるものではなく、成長と学びの機会として捉えること。失敗を経験しても、それによって自分を否定するのではなく、次に活かすための貴重な経験とみなすことです。

④自己比較の停止

他人と自分を比較することは、自己肯定感を下げる原因の一つです。自分のペースで成長し、自分の道を歩むことの価値を認識することが重要です。

⑤感謝の習慣

日々の小さなことに感謝する習慣を持つことで、自分の人生に対する肯定的な視点を養《やしな》うことができます。自分自身を含む、まわりの人たちや環境への感謝を忘れないようにしましょう。

実践的なステップ

○毎日自分自身に向けて、肯定的なメッセージを書き出す
○失敗や挑戦を通して、何を学んだかを日記に記録する
○自分を慰めたり、励ましたりする方法を見つける
○自分の成功や成長を定期的に振り返る

「自己受容」と「自惚《うぬぼ》れ」は違う

自己肯定感を上げるためには、「自己受容」は不可欠です。

「自己受容」というのは、自分のいいところも、そうじゃないところも全部含めて「自分は、このままでいいんだ」と思えることです。

たとえば、テストを受けて、思ったより点数が低かったとしても、そのままを受け入れ、「次はがんばろう」と前向きに考えることができたり、自分の好きなことや得意なことに自信を持てることです。

「自己受容」は、自分のことをリアルに見て、そのうえで自分を大切に思える心の状態をいいます。

たとえテストで低い点数を取っても、自分に対しての自信を失わないという点で、

「自惚れや自信過剰とは違うんですか？」

と質問されたことがあります。

「自惚れ」と「自己受容」は、もちろん違います。

自分のことをリアルに見られるというのは、ありのままの自分を受け入れるということです。それが「自己受容」です。

一方、「自惚れ」「自信過剰」というのは、リアルな自分よりも、自分のことを大きく見て、「他の人より自分が優れている」と思ってしまうことです。

テストの点が低かったのに「自分は賢いから勉強しなくてもいいんだ」と思ったり、自分の意見が常に正しいと思い込んでしまったり、ということがあります。

また「自惚れ」は、自分のことを現実よりも、よく見せたい心が働いています。

その結果として、他の人と比べて自分を上に置こうとしがちです。そうなると、時に、他の人との関係を難しくしてしまうこともあります。

「自己受容」は、自分のリアルな姿を受け入れて、そのうえで自分を好きになることです。そうなれば、自分自身の心が穏やかになって、他の人ともうまくやっていけます。

たとえ自分に他の人より劣っている部分があっても、

「自分は自分でいいんだ」

と思えるのです。

【自己受容】

自分自身のすべてを認識し、そのままの自分を受け入れることです。

これには、自分の長所だけでなく、短所や欠点、過去の失敗や現在の不完全さも含まれます。「自己受容」は自己理解に基づき、自分の本質や存在を肯定的に受けとめる心の状態を指します。内面的な平和や自己肯定感、自尊心を高め、自分自身との健全な関係を築くための基盤となります。

【自惚れ】

自己評価が過剰になり、自分の能力や価値を現実以上に高く見積もることです。自惚れた人はしばしば、自己中心的な振る舞いをし、他人を見下す傾向があります。内面的な不安や、自己不確かさを隠すための防御機制として働くこともあります。そのため、自惚れは、真の自己肯定感や自尊心とは異なり、しばしば他人との関係において問題を引き起こす原因となります。

真の自己受容を達成することは、自己成長と個人的な充実感につながります。自己受容は、自己理解に基づくもので、自分自身への優しさと愛情から生まれます。それに対し、自惚れはしばしば不安や自己不確かさの表れであり、外部からの承認を求めることからくることが多いです。

結局のところ、自己受容は、自分自身との健全な関係を築くために必要なものであり、自惚れはその阻《そ》害《がい》要因となることがあります。

自己受容を深めることで、私たちは自分自身の真の価値を認識し、より充実した人生を送ることができるようになります。

ネガティブな思い込みを書き換えていこう

「自分を好きになれない」という気持ちの背景には、

「自分には無理なんだ」

「どうせ、自分がやってもダメなんだ」

「自分なんて……」

というネガティブな思い込みがあります。

ネガティブな思い込みは、私たちの行動や感情、人生の選択に大きな影響を与えます。

結果、新しいことに挑戦する勇気や自信を育めなくなります。

でも、これらの思い込みは、実際のところ、私たちが自分自身について「勝手につくり上げた物語（フィクション）」の一部にすぎません。

ですが、「物語」は書き換えることができます。

ネガティブな思い込みを書き換える作業は、自己成長のための積極的なプロセスです。

ここでは、その具体的なステップを詳しく見ていきましょう。


【ステップ①ネガティブな思い込みを特定する】


まずは、自分の中にあるネガティブな思い込みを具体的に特定します。

「私は人前で話すのが苦手だ」

「私は何をやっても失敗する」

など、自分が何に対してネガティブな思い込みを持っているかを明確にしましょう。


【ステップ②その思い込みを問い直す】

次に、その思い込みが本当に正しいかを問い直します。

これまでの経験を振り返り、

「本当にいつもそうだったか」

「例外はなかったか」

を考えます。客観的な証拠やデータを基に、その思い込みが事実に基《もと》づいているかどうかを検証します。


【ステップ③肯定的な代替をつくる】


ネガティブな思い込みに問い直した結果、それが必ずしも真実ではないということがわかったら、より現実的で肯定的な考え方を見つけます。

「人前でうまく話せない」という思い込みを、

「緊張するけれど、準備をすれば、うまく話せることもある」

と書き換えるなど、自分にとってポジティブな代替をつくり出します。


【ステップ④新しい思い込みを実践する】


新しくつくった肯定的な思い込みを、日々の生活で意識的に実践します。

たとえば、人前で話す機会があったら、その新しい思い込みを思い出し、

「準備をすればうまくいく」

と自分に言い聞かせてみます。

実際にそれを体験することで、徐々に自信がつき、新しい思い込みが自分の中に定着していきます。

【ステップ⑤小さな成功を祝う】

新しい思い込みに基づいて行動したら、その結果にかかわらず、自分をほめてあげてください。たとえ完璧ではなくても、挑戦した自分を認め、その経験を価値あるものとして受け入れましょう。

このプロセスを繰り返すことで、ネガティブな思い込みは徐々に肯定的なものに書き換わり、自己肯定感と自尊心が高まります。

自分の思い込みをコントロールする力を持つことは、自分の人生をよりポジティブな方向に導く強力なツールとなります。

「自己受容」のプロセスは、自分の中にあるネガティブな思い込みを特定し、それらを問い直し、肯定的な自己イメージに書き換えていく作業を伴います。

この過程で重要なのは、自分の感情や反応に正直になること、自分を支える人々や活動を見つけること、そして自分自身に優しくあることです。

自分自身に対する愛と受容は、人生のさまざまな困難や挑戦に直面したときに、内側から力を与えてくれます。

「それでも自分が好き」という強い自己肯定感を持つことは、自分自身の可能性を最大限に引き出し、より充実した人生を送るための鍵となるのです。

自分自身をより深く理解し、自分のすべてを受け入れることの大切さを認識することです。自分を受け入れることで、困難や挑戦があっても、自分自身を信じて前に進む力を持つことができます。

「何があっても自分のことが好き」と感じることは、自分の可能性を最大限に引き出し、豊かで満足感のある人生を送るために重要なポイントです。

おわりに

人生がうまくいきだす魔法の習慣

最後まで読んでいただき、ありがとうございました。

7つの「魔法の言葉」をキーワードに、自己肯定感を上げるための方法をお話ししてきました。

私たちは、知らず識らず、「自分の言葉」「口ぐせ」で毎日を過ごしています。

そして、その言葉は、私たちの存在、考え方、生き方に大きく影響します。

つまり、その言葉、口ぐせを変えれば、あなたの明日は変わっていきます。

言葉を変えましょう。口ぐせを変えましょう。

それは小さな変化ですが、そんな日々の小さな行動や思考が積み重なって、私たちの人生を徐々に変えていきます。

さて、この本の終わりに、人生をポジティブな方向に導くための習慣を改めて振り返り、その実践の重要性について考えてみましょう。

【感謝の習慣】

毎日、生活の中で感謝できることを見つける習慣は、私たちの心を豊かにします。日の出を眺《なが》めることから始まり、おいしい一杯のコーヒー、友人からの温かいメッセージ、家族の支えなど、当たり前のようでいて特別な瞬間に感謝することで、私たちの心は日々の生活の美しさに目覚めます。

【自己受容の習慣】

自分の長所と短所を併《あわ》せて、自分自身をそのまま受け入れることは、自己愛の基礎となります。

自分自身に対する理解を深め、自分のすべてを受け入れることで、私たちは真の自己肯定感を育むことができます。

自己受容は、自分自身との平和な関係を築いていきます。

【自分への優しさの習慣】

自分自身に優しくすることは、自己受容の旅の中で極めて重要な習慣です。

○困難なときに自分を励ます言葉をかける
○自分の好きなことに時間を使う
○自分自身の努力を認め、ほめる

など、日々、自分に対して優しくあることで、私たちは自己肯定感と幸福感を高められます。

【ポジティブな思考の習慣】

ネガティブな思い込みに挑戦し、肯定的な思考を心がけることは、心の健康にとって不可欠です。

困難や挑戦をポジティブな成長の機会と捉え、失敗から学び、成長を続けることで、私たちは人生をより意味深く生きることができます。

【瞑想やリラクゼーションの習慣】

心とからだのバランスを保つためには、瞑想《めいそう》やリラクゼーションの時間を持つことが重要です。忙しい日常から一時的に離れ、自分自身と向き合う時間を持つことで、心の平穏を保ち、ストレスを軽減することができます。

これらの習慣を実践することで、私たちは自分自身との関係を深め、人生をより豊かで意味のあるものにすることができます。

自分自身への理解と愛を深める旅は、時には困難や挑戦を伴いますが、そのすべてが自分自身を成長させ、人生をより充実したものに変えていくための貴重な経験となります。

あなたが、これらの習慣を日々の生活に取り入れ、自分自身の人生をよりポジティブな方向に導くことができることを心から願っています。

自分自身を大切にし、毎日を意識的に生きることで、

「自分を好きになる」

輝く人生を手に入れてください。

中島　輝

著者プロフィール

中島輝

（なかしま・てる）

作家／対人関係評論家／心理カウンセラー／「自己肯定感アカデミー」代表
著書累計65万部！プロアスリート・経営者など15000名以上の心理カウンセリングを手掛ける。自己肯定感の第一人者。独自の自己肯定感理論を構築し人財育成を行い、受講生は3万を超える。自己肯定感に関する本は累計62万部を超える。心理学、脳科学、NLPなどの手法を用い、独自の120のコーチングメソッドを開発し資格発行している。これまで、上場企業の経営者、オリンピアン、俳優などのメンターを務める。現在も自己肯定感ムーブメントを生んだカリスマとして、「自己肯定感の重要性をすべての人に伝え、自立した生き方を推奨する」ことをミッションに掲げ、「肯定心理学協会」や新しい生き方を探求する「輝塾」の運営のほか、広く中島流メンタル・メソッドを知ってもらうための「自己肯定感カウンセラー講座」「自己肯定感児童教育講座」「自己肯定感コーチング講座」などを主催する。毎月500名以上のメンタルカウンセラーコーチ、トレーナー、セラピストを育成・輩出している。著書に『何があっても「大丈夫。」と思えるようになる 自己肯定感の教科書』『書くだけで人生が変わる自己肯定感ノート』ほか多数

公式WEBサイト● http://teru-nakashima.info/

自分を好きになる7つの言葉
口ぐせを変えれば自信と力が湧いてくる!

2024年7月10日　初版第1刷発行

著　者　中島 輝
発行者　櫻井秀勲
発行所　きずな出版
東京都新宿区白銀町1-13　〒162-0816
電話 03-3260-0391　振替 00160-2-633551
https://www.kizuna-pub.jp/
印刷　モリモト印刷
ブックデザイン　須貝美咲(sukai)
イラストレーション　くにともゆかり
編集協力　ウーマンウェーブ

ISBN978-4-86663-245-2

好評既刊

中島 輝

Teru Nakashima

■

『口ぐせで人生は決まる』

こころの免疫力を上げる言葉の習慣

「疲れた」「どうせ」「でも」……こんな言葉、クセになっていませんか

なにげない一言を替えていくことで自己肯定感を取り戻す

「最高の自分で生きよう」

1540円（税込）

『うつ感情のトリセツ』

「ストレス以上、うつ病未満」のイライラ、モヤモヤと

どうつき合っていけばいいの？

なんだかダルくて、動けないというとき

本来の自分を取り戻す方法

1540円（税込）

きずな出版

https://www.kizuna-pub.jp